刊行のことば

現行憲法の下で、帝国議会は国会となり、貴族院は参議院へ引き継がれた。尚友倶楽部（前身・研究会、尚友会）は、明治以来、貴族院の選出団体として重要な役割を果たしてきたが、戦後は、純公益法人として、日本文化の国際的理解に役立つと思われる、公益事業や、学術団体、社会福祉、などへの援助を中心に活動をつづけている。

近現代史に関連する資料の公刊もその一環である。昭和四十六年刊行の『貴族院の会派研究会史・附尚友倶楽部の歩み』を第一号として、平成二年までには十二冊の「尚友報告書」を発表した。平成三年刊行の『青票白票』を第一号とする「尚友叢書」は、平成三十年には四十二冊となり、近現代史の学界に大きく寄与している。

一方「尚友ブックレット」は、第一号『日清講和半年後におけるドイツ記者の日本の三大臣訪問記』を平成六年に非売品として刊行し、以後三十二冊を刊行し今日に至っている。「尚友ブックレット」は、原文書のみならず関連資料も翻刻刊行してきているが、未公開の貴重な資料も含まれており、一般の方々からも購入の要望が多く寄せられてきたので、二十一号から一般にも入手できるような体制を整えてきた。

この第三十三号は、第二十七号『寺内正毅宛明石元二郎書翰』に続き、「寺内正毅関係文書」の中から「長の陸軍」の後継者、田中義一の書翰を採り上げた。日露戦争前後から寺内内閣退陣後にかけて陸軍内の動向や政界の情勢といった多くの情報を継続的に伝える書翰群である。

今後も研究等に有効に用いて頂き、近現代史の学術研究に役立つことを願っている。

二〇一八年七月

一般社団法人　尚友倶楽部

理事長　山本　衞

田中義一（国立国会図書館ホームページより転載）

寺内正毅宛田中義一書翰（一部）

大正2年2月2日

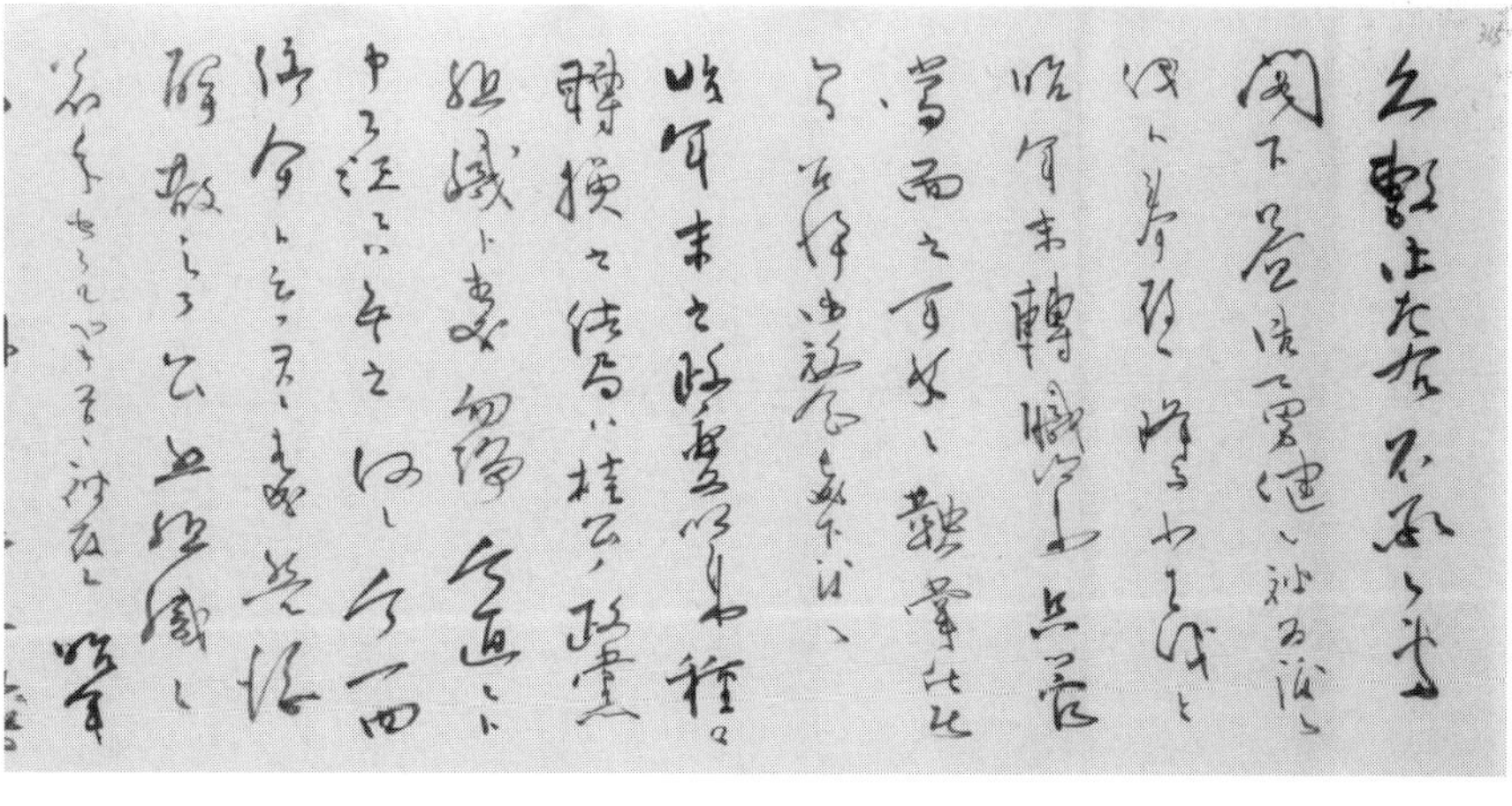

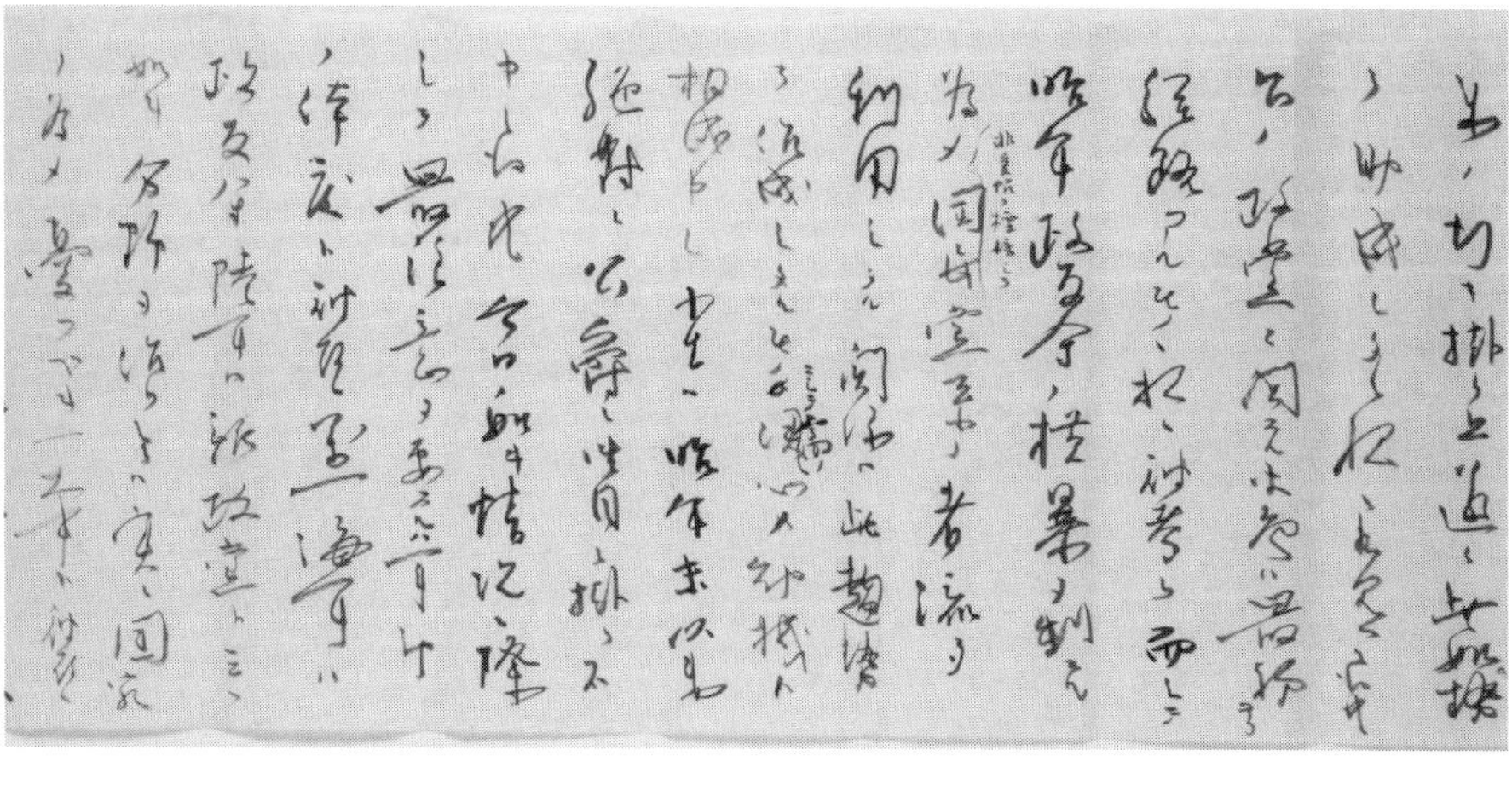

今日ノ要件ハ陸海軍拡張ニシテ政
党圏外ニ峙立セザレバ肝要
之得ハ殊ニ又最モ重要ナル事ニ候ハ
世間ノ趨向ニ附随シテ政府
ニ権威ナク政府ノ権威ナクシテハ
遂ニ皇室ノ尊厳ニ関係シ
可申ハ世間ハ欽定憲法ヲ
英国流ニ解釈シテ望ムベシ
又今日桂公ノ政党ニ対シテ
陸海軍ノ大臣ニ関スル官制ヲ
改正スルヲ主張シテ居ルハ（別紙参考）
目下ハ桂公ノ意思如何ニ在
セズトセシテ結果ハ実ハ
遺憾ナカラザル事ニ候
現時ノ情勢ハ政友会ノ生

存ヲ危クシテ直チニ解散トナルヤ
モ計レズ又他ノ一面ヨリハ解散
ヲ避ケントシテ政府ノ意ニ従フ
政友会ノ気勢ヲ殺ギ却テ
解散ヲ乃ハカルヤモ難計候
公ノ意見ニハ確ニ有之候然
又新政党側ニハ解散ヲ便トスル
ト云フ者モアリト二様ニ分レ居候
大旨ニ於テ今回ノ如キ一般ノ世間ガ
不秩序ノ論ヲ以テ上解散ニアラ
ルヲ以テ医スベキ途ノ有之ト
神在ル所公ガ政党ヲ組織セラレ
ヽ致シテ国家ニ頭ヲ下ゲラレ
ルニ至ラザルハ遺憾ノ極ニ候
昨年来ヨリ余紛紛タル所ハ国

下ガ内閣ヲ組織セラレ、偏ニ給
事ヘ全ク無条件ニテ旗下ニ馳セ
参ジテ大隈ト必ズ関スルヲ
助ケ遂ニ得策セシ現ニ同会ハ
前記ノ次第ニテ実ニ余儀ナク
事ノコトヲ斯クテ無之候今ハ却テ
桂公ガ此ノ已ニ党ノ趨向ヲ利用セン
而ヨリ勝ヲ得シテ之ヲ迎ヘントス
ルカ如キハ甚ダ恥ヅベキコトニ存シ
目下桂公必ズ権勢ノ者ハ大隈
伯ニシテ伯ハ内閣ニ勤続セラルル
処ヲ桂公ト勝セラレ候ハバ
此時閣下ガ立タレヽト桂公ノ見ル
[illegible]ヲ一時ノ現時情勢ニラス此
貴キ処ノ無条件ノ先生ト勝ヲ保
シテ迎フルノ必要アルハ明瞭ニシテ

寺内正毅宛田中義一書翰（一部）

大正4年7月6日

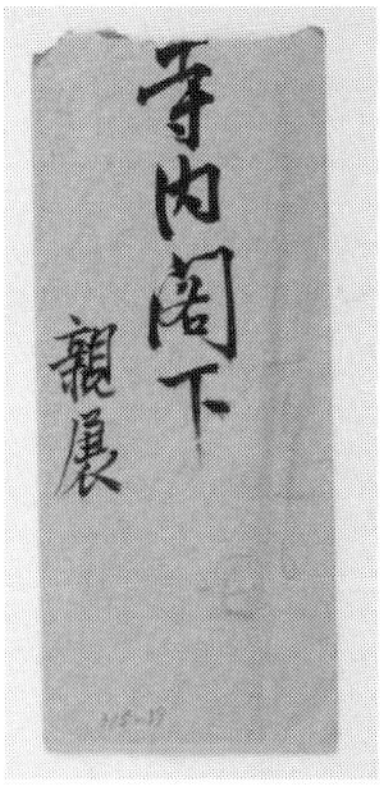

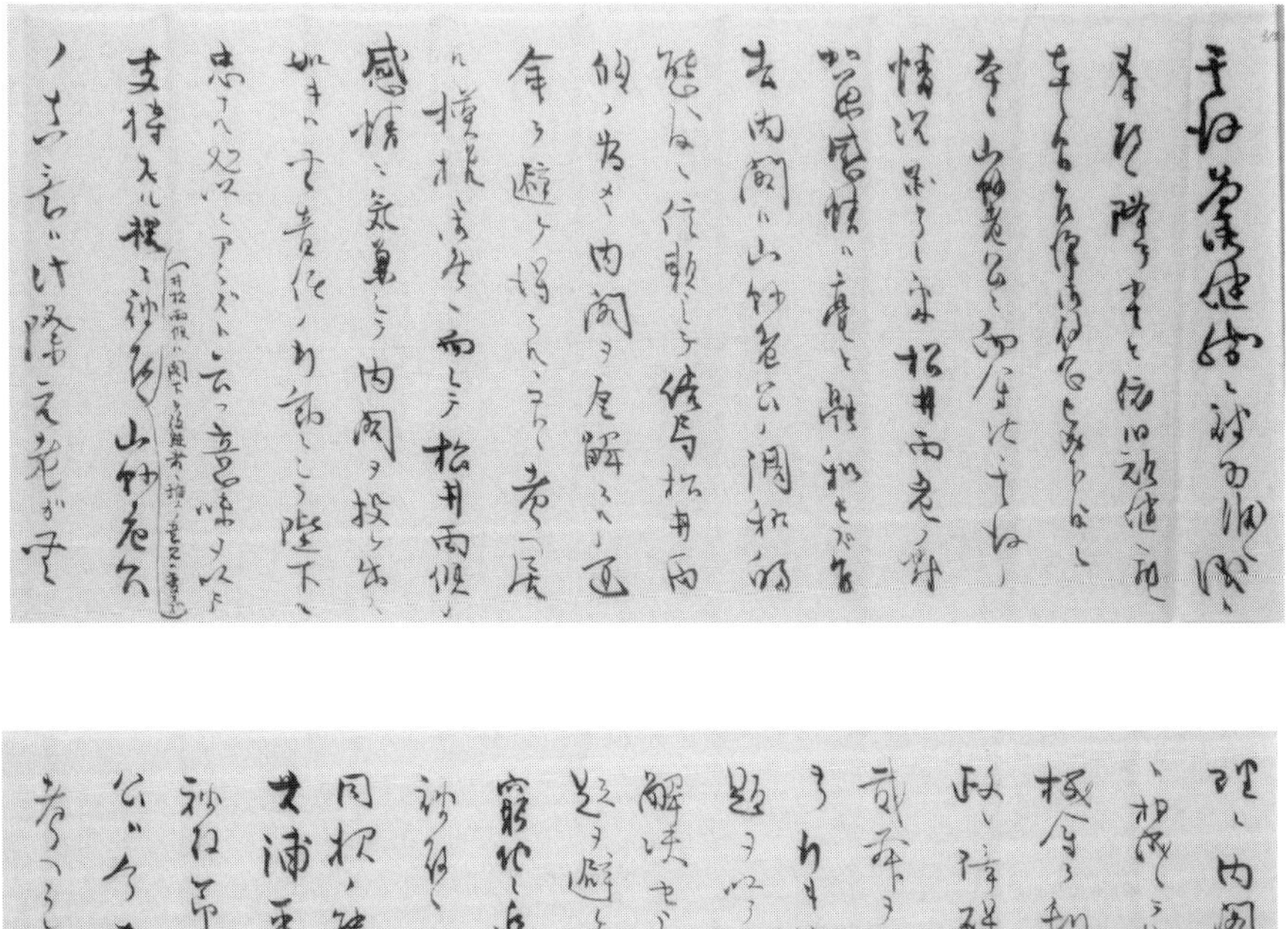

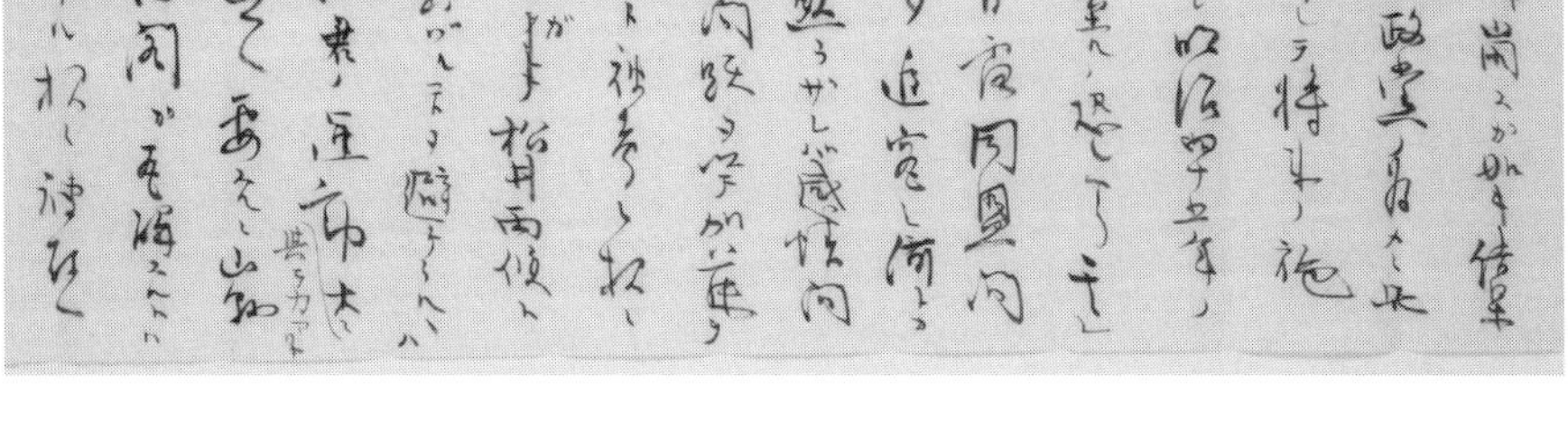

又大山公の辞職問題と山県
公の尽力にて当分中止に相成
申候處、其後又々内閣も山
県公に對し運金の條件にて迫
り御困却の儀に候、十一日共
与の十五日の園遊に大演申柄
等之を寫所なるとす実に
困り入

以上二点の山県公の境遇に遭
之に連繋さる福地
之が運動に刘断いたし候
此二十年来此の内外同志の
熱々相抱え老健か定沈む
惨に偏して内閣の解剖せん
とするに陥って次々より
将来誠政の給授の一方斷
恐入申遅り御老公に
月内に同校に参られ玉ひ

以やきしわすつ十五日か月下旬
賛成連判断を目せ日
度、外交問題の如何にかゝわ
十四の閣下先日四時まて
可否と新日の写方候
陸相を當之と方々古諸、既
内閣氣に怖ろ力る多力此
思招と方郡と集らるそと
気の沸かしく

未だ確定にを浩とて去て古
一ちわせ友人をて内閣はし
一と熟いて来に八月頃
此等の構出にもも同治と
すう由にまて、新方は陸
喜よ定例体你と初用一
何無年温存と与勢
体力保存、經未台せ
山縣侯即て诸侯安各

成功を改造上総造いか
会の政権と诱動する空
千四の閣下決不日四時ます
陸再の万量にこす長不
俊と思召しにゆてき古
電影るは平の廷十一日
順出事方な收道はた
日興事有條及士帝に悟
またらにてるかせ
又力を地方に擯出し候
念に馬薄千人目人方
何人に信報これちか国家
会の方に四日三方力を萬
時候間多ちりからも

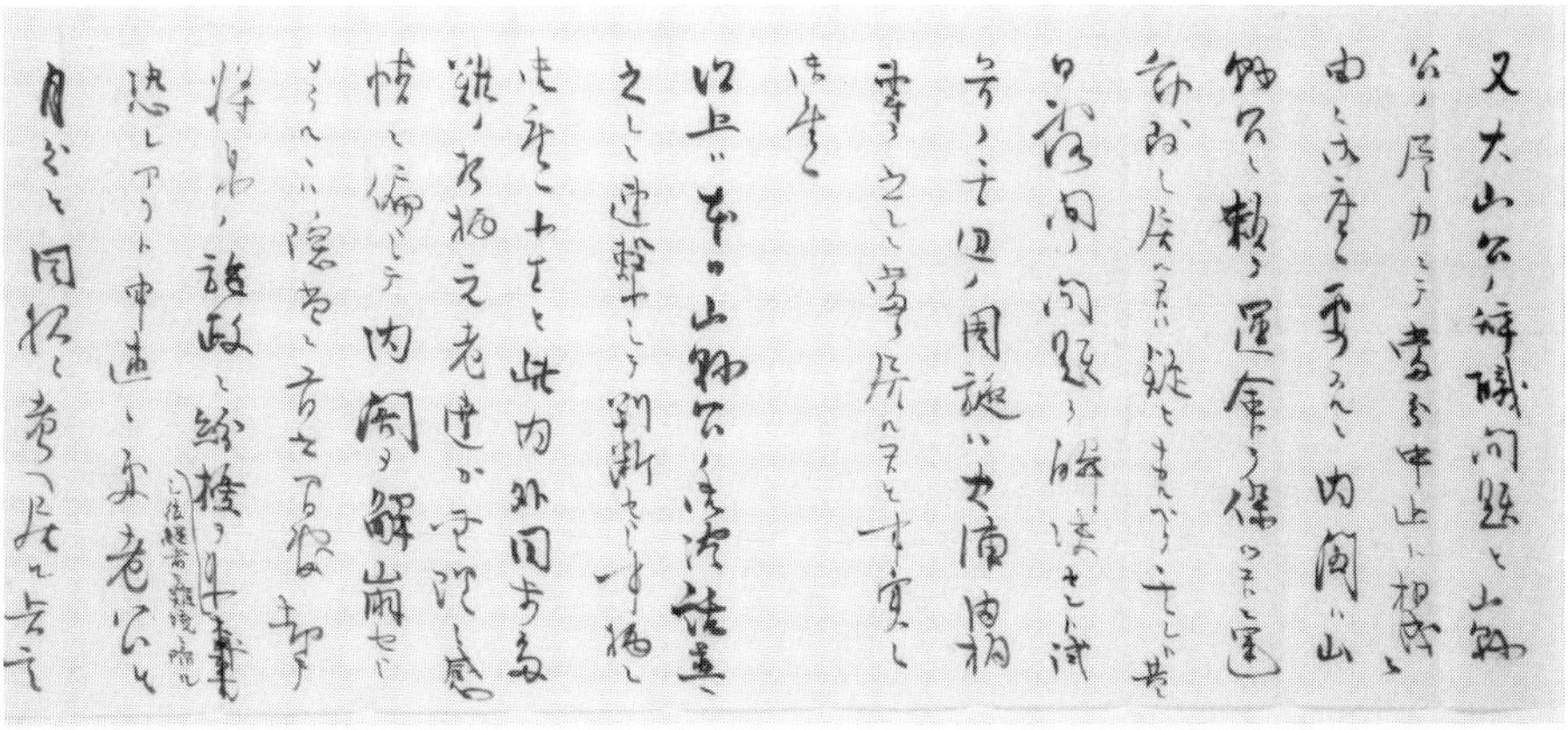

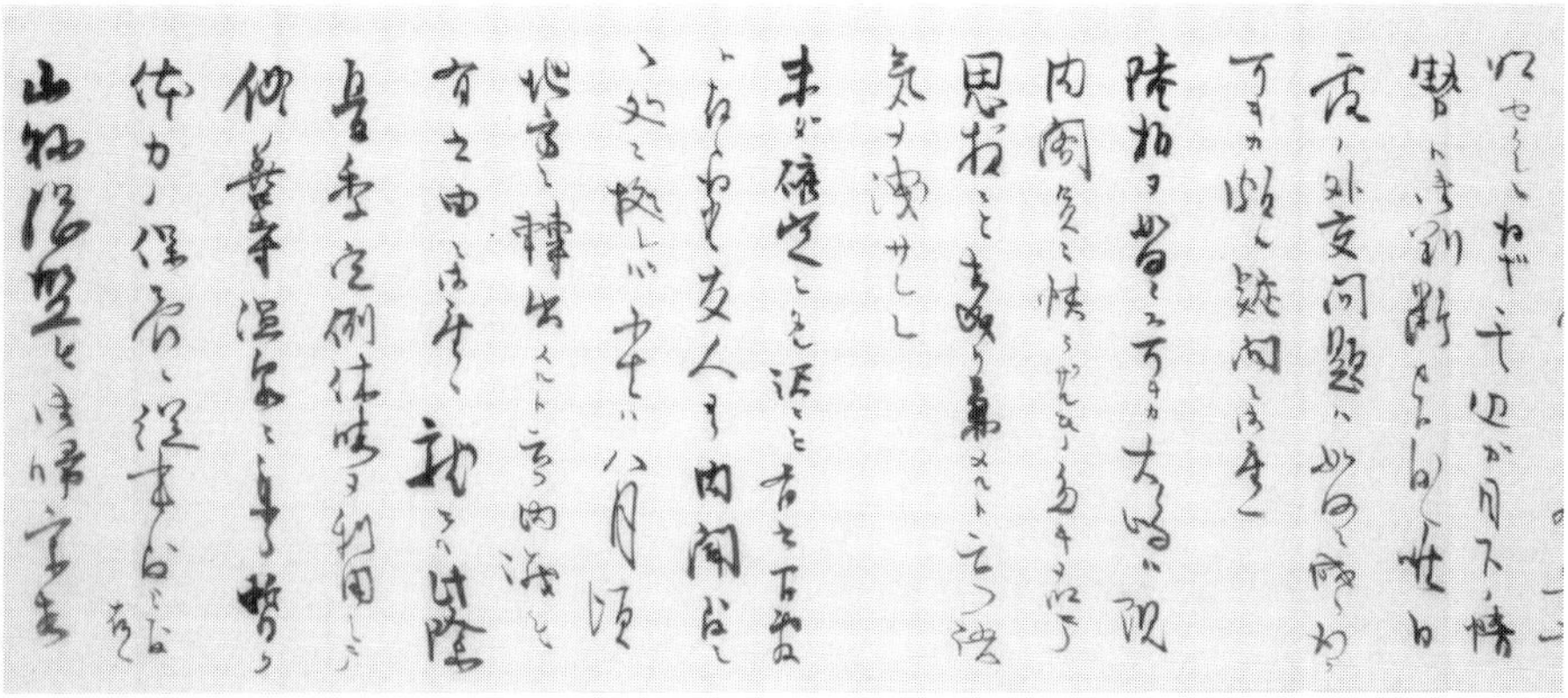

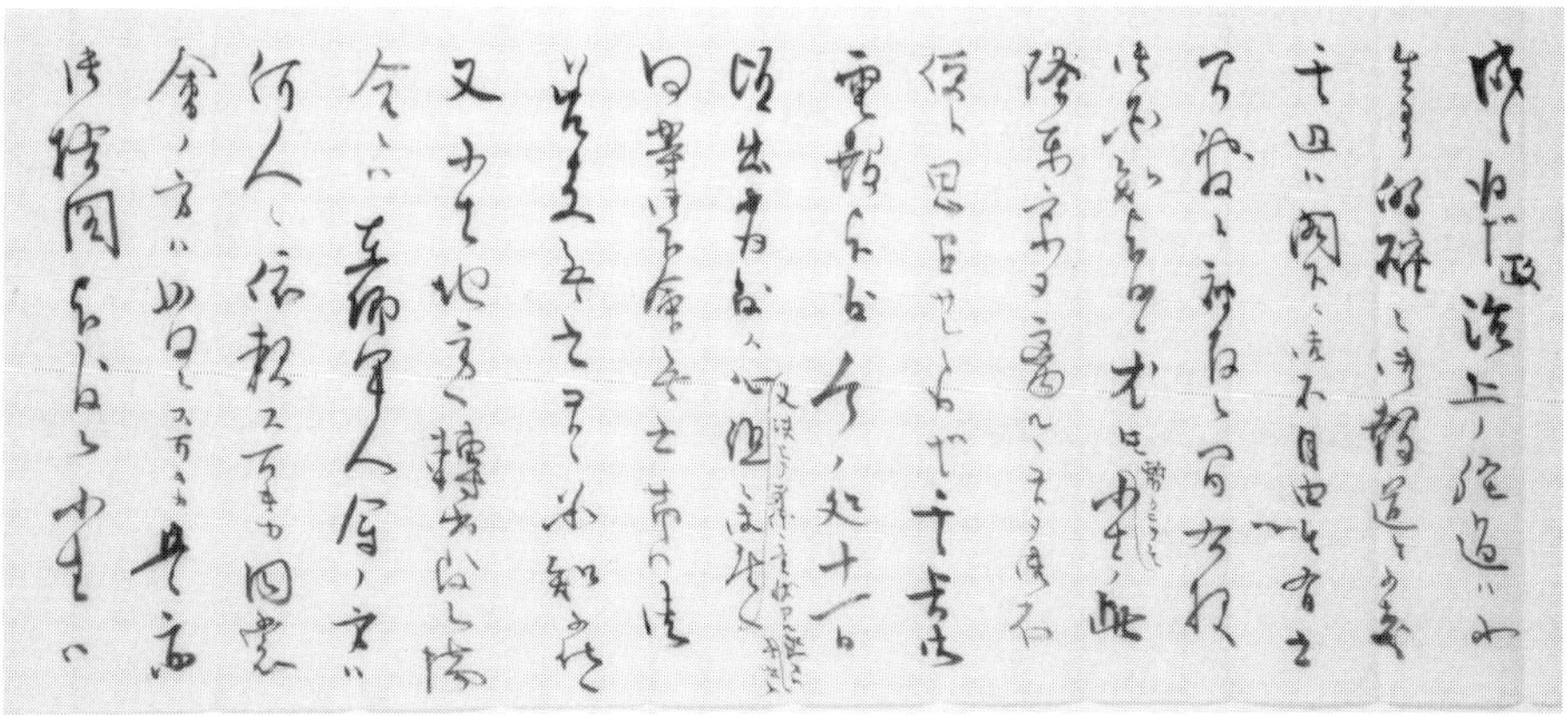

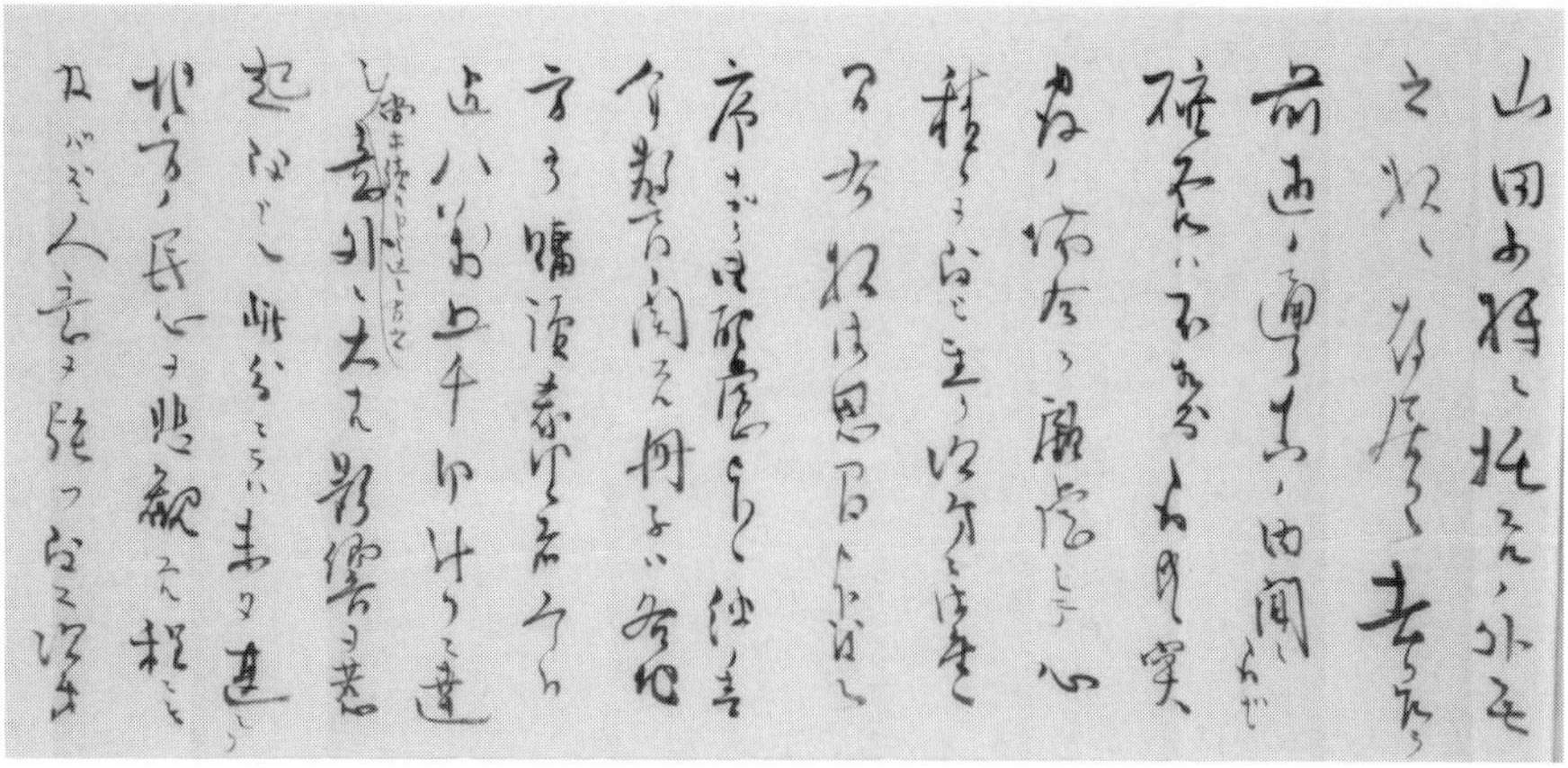

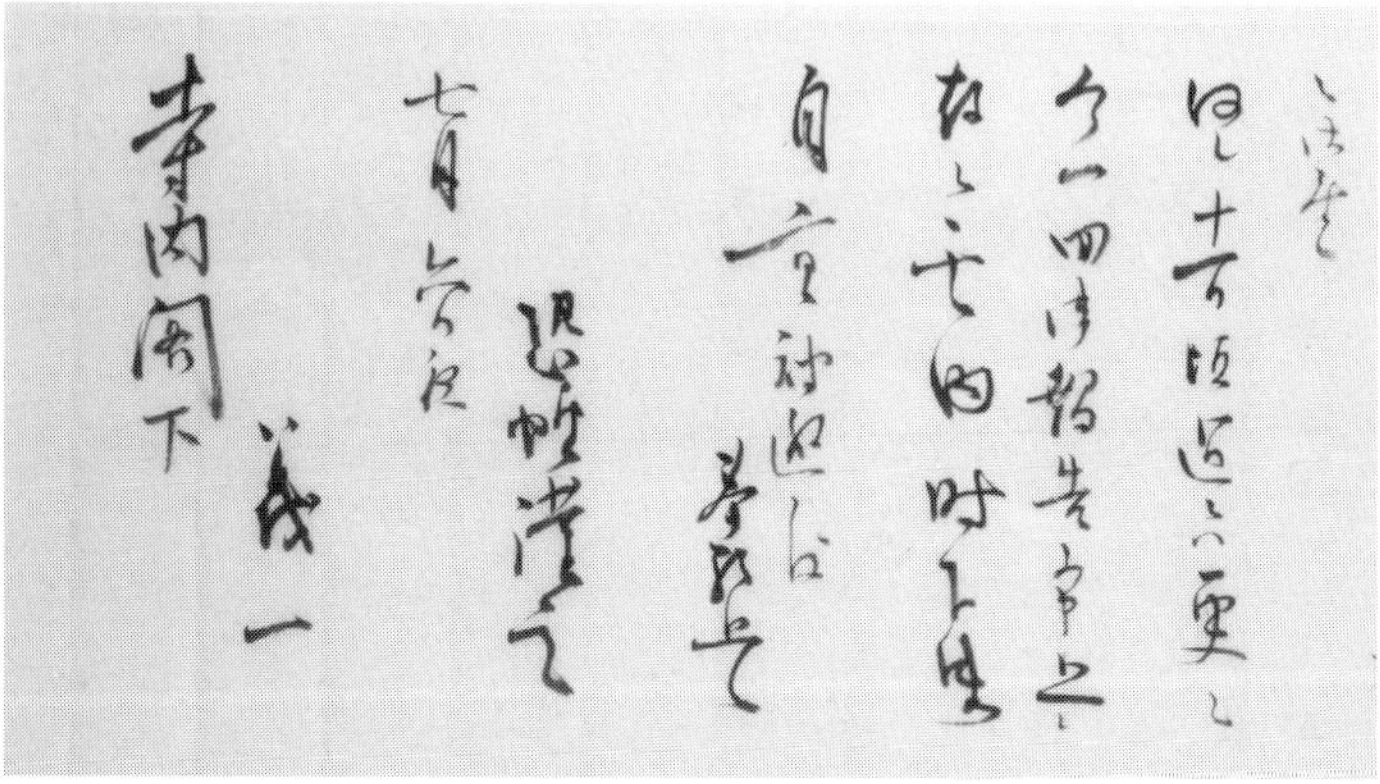

尚友ブックレット33

寺内正毅宛田中義一書翰

尚友倶楽部
伊藤　隆
編集

芙蓉書房出版

寺内正毅宛田中義一書翰●目次

刊行のことば　一般社団法人尚友倶楽部理事長　山本　衞　1
口絵写真
凡　例　2
寺内正毅宛田中義一書翰　7
【解説】田中義一と寺内正毅　伊藤　隆・松田好史　159
あとがき　伊藤　隆　227
田中義一　年譜　229
田中義一　関係系図　232
後　記　233

凡　例

一、本書は、国立国会図書館憲政資料室所蔵「寺内正毅関係文書」の内、田中義一差出書翰を翻刻、収録したものである。
一、書翰は年代順に排列し、推定年月日には（　）を附した。
一、封筒に記載の情報は各書翰の末尾に註記として附した。
一、表記は、原則として当用漢字に改めたが、一部の人名は旧字体のままとした場合もある。
一、仮名遣いは原文のままとし、固有名詞・擬音語・擬態語等を除く片仮名は平仮名に改めた。濁点・半濁点は原文のままとし、合字は開いた。
一、誤字には正規の表記を〔　〕で附記し、事実関係の誤りや不明確な内容の箇所は〔ママ〕を附したが、明白な誤字は直した場合もある。また、慣用的な表現や差出人が慣用的に用いている表記はそのままとした。
一、適宜句読点を附した。
一、闕字・平出は再現していない。
一、原文の判読不能な箇所には文字数分の□を宛て、文字数が不明の場合は〔数字不明〕とした。

寺内正毅宛田中義一書翰

寺内正毅宛田中義一書翰　目次

1　明治（27）年12月13日
2　明治28年1月1日
3　明治（35）年6月10日
4　明治（37）年8月15日
5　明治（37）年9月5日
6　明治（38）年2月7日
7　明治（38）年6月1日
8　明治（38）年8月29日
9　明治（45）年2月21日
10　明治（45）年（3）月20日
11　明治45年4月3日
12　大正（元）年（12）月27日
13　大正（2）年2月2日
14　大正（2）年（2）月15日
15　大正（2）年（5）月15日
16　大正（2）年（7）月15日
17　大正（2）年（10）月6日
18　大正（2）年（10）月10日
19　大正（2）年（10）月28日
20　大正（2）年（11）月2日
21　大正（2）年（12）月11日
22　大正（3）年2月7日
23　大正（3）年6月9日
24　大正（3）年8月12日
25　大正（3）年8月31日
26　大正（3）年（10）月22日
27　大正（3）年11月6日
28　大正（3）年（12）月22日
29　大正（3）年（12）月29日
30　大正（4）年（1）月9日
31　大正（4）年（1）月（11）日
32　大正（4）年（1）月20日
33　大正（4）年（1）月24日
34　大正（4）年（2）月（3）日
35　大正（4）年3月3日
36　大正（4）年6月15日
37　大正（4）年6月23日
38　大正（4）年7月3日
39　大正（4）年7月6日
40　大正（4）年7月16日
41　大正（4）年（7）月29日
42　大正（4）年8月3日
43　大正（4）年8月10日
44　大正（4）年9月1日
45　大正（4）年9月14日

46 大正（4）年10月13日
47 大正（4）年（11）月12日
48 大正（5）年（2）月7日
49 大正（5）年（2）月13日
50 大正（5）年（2）月19日
51 大正（5）年4月9日
52 大正（5）年（5）月9日
53 大正（5）年（5）月□日
54 大正（5）年（7）月26日
55 大正（5）年（8）月31日
56 大正（5）年（10）月4日
57 大正（5）年（10）月5日
58 大正（5）年（10）月7日
59 大正（6）年4月30日
60 大正（6）年（6）月（18）日
61 大正（7）年（1）月31日
62 大正（7）年（2）月12日

63 大正（7）年（2）月15日
64 大正（7）年2月16日
65 大正（7）年（2）月18日
66 大正（7）年（3）月7日
67 大正（7）年4月8日
68 大正（7）年（4）月26日
69 大正（7）年（4）月27日
70 大正（7）年（6）月20日
71 大正（7）年（7）月31日
72 大正（7）年（8）月18日
73 大正（7）年（11）月25日
74 大正（7）年□月17日
75 大正（7）年□月□日
76 大正（8）年（9）月□日

明治27年

1　明治(27)年12月13日

厳寒之砌り閣下益御多祥に御座被遊候段、恐悦之至り〔に〕奉存候。降て小生儀も至極健全に奉務罷在候間、乍恐御放慮被下度候。旅順陥落後当地に移転以来別段是と申す程之業務も無之、各隊は志気之衰頽を預〔予〕防する為め日々訓練に従事する他余念無之、去り迚当節は寒気も頓に猛烈を加へ候為め思ふ様には出来不申、云はゞ上下共に無事に苦むか如き有様に御座候。当師団も目下給養上之顧慮より、浮子寓、普蘭店、金州之三ケ所に分屯致し居候。軍司令部に於ては今後の行動に関して偵察等随分多用之様子に候得共、諸隊は全然冬営を張ることと思ひ込み、薪炭並に副食物之欠乏に顧慮するの外余念無之候。就中被服、装具を交換せざれは用に堪へざるもの多く、是等之諸物品は何卒一日も早く輸送之程希望致居候。

小生儀も年来御教導之御蔭を以て過日昇給致し歩兵第二旅団の副官に転職致し候間、左様御承知被下度候。実は将校団之関係は小生の進級を許さゞる次第に有之候得共、師団長閣下の御好意は遂に一人の休職者を作る迄に至り其御厚情は感銘之外無之候得共、何分現職は種々之関係より到底職掌上之発達に錯誤を生するは免れ難き事と存候。固より人の意思に遠慮し俗事に頓着するに及はず、唯職務上の針路に直進するの外決て余念は無之候得共、畢竟働き掛けの者と受身の者とは共に不利益を生するは免れ難き儀に御座候。

斯く申上候得ば閣下に於ても分際を省ざる推参なる申し分と御譴責を蒙るは固より覚悟仕候得共、何卒言外之事情御推察被下候て、広島滞在中御願申上候件奉懇願候。甚だ我儘なる申条に候得共其辺之事情は岡大尉も充分承知致候。実は井上閣下よりは過日昨今之所都合相成難きも、兎に角曠職之責を蒙らざる様精々従事致し居可申、其内には何とか相成事と申し聞けられ候。固より決して曠職之謗を受るが如き事は千万無之候間、其辺は乍恐御安堵被下候て、閣下よりも予ての願意相遂げられ候様井上閣下と可然御打合せ置き被下度、此儀只管奉懇願候。甚だ勝手なる所存に候得共事情御酌み取り被下度候。

右は勝手なる事情に耳御尊慮を煩はし甚だ恐縮之儀に奉存候。承はり候得は山海関附近沼海之偵察は其結果余り面白からざる様子に御座候所、時機之許す限り一日も早く目標点に達し、今一応之奮発は上下挙て競ひ居候。此貴重なる元気は実に国家の為め挫折せしめざる様致し度きものに御座候。

申も疎に候得共、閣下には時候柄精々御自愛之程国家の為め祈る所に御座候。其内再応御機嫌相伺ひ可申候。敬具

十二月十三日　　　　　　　　　　　　　　義一

寺内閣下

〔註〕封筒表「大日本帝国広島大本営　陸軍少将寺内正毅殿　私信　親展」、封筒裏「清国盛京省金州城外八里荘　歩兵第二旅団司令部　田中歩兵大尉」。年代は消印による。

2　明治28年1月1日

改年之御祝儀奉賀候。

閣下には御職務柄遂日御多用之事と奉存候。降而小生儀も転職以来精々勤務罷在候間乍恐御放慮被下度候。

当第二軍之状況も第三師団の関係に因り目下普蘭店に駐屯し、乃木閣下の旅団を混成旅団とし、明後三日より該地出発、蓋平に向て行進し第三師団と連絡する筈に有之候。其他は給養品等万端別に不自由なく迎年仕候。各隊に於ても将校以下患者等は返て平時より少く、至極結構なる冬営と存候。

先は改年御祝詞迄申収候。

其内邦家之為め御自愛申も疎に御座候。謹白

大正廿八年元旦　義一

寺内少将閣下

〔註〕封筒表「大日本広島大本営　陸軍少将寺内正毅殿　平信」、封筒裏「大日本占領地　旧清国盛字省金州城外八里荘第二旅団司令部　陸軍歩兵大尉田中義一」。

明治35年

3　明治(35)年6月10日

拝啓　初夏之候閣下益御勇健に御座被遊候儀と奉存候。且つ先般愈々御重職に栄進被遊候趣き為邦家恐悦不過之候。国事多端之折柄一入之御配慮と奉恐察候。降て小生儀も過る四月廿四日露都出発、途中処々立ち寄り、其後東清鉄道と松花江の交通に依り再昨日当地に安着仕候。四五日の後には更にハルビンに向ひ、奉天、営口等に一両日滞在之後、旅順口に出で、其れより帰朝仕筈に御座候。或は交通の都合に応し山海鉄道を経由して大[太]沽より乗船致すやも難計と存候。同行は先般申上置候松村一等書記官と朝比奈知泉氏に有之候。途中は露国の大蔵大臣、陸軍大臣等の好意に依り、普通旅客と趣きを異にし至極好都合に有之候得共、時節柄何かと痒き処に手の達せざる気味も有之候得共、乍去大に思ひ起す処は多く有之、何れ帰朝の上拝趨御下問に応し可申述候。其内時下御自重為邦家奉祈候。先は御栄転之御祝詞耳。草々敬具

六月十日　田中義一

寺内閣下

乍筆末奥様へ可然御伝言奉願上候。同行之朝比奈よりも閣下へ可然御伝言申上呉候様小生に依頼仕候。

4　明治(37)年8月15日

炎暑之砌り閣下益御清穆之段恐悦不過之候。降て小生儀も至極壮健に罷在候間乍憚御放慮被下度候。扨当司令部も一同無事、特に児玉閣下は司令部全体を通して最とも健全を誇らるゝ程に有之候間、御安意被下度候。

当地に滞在も既に二週間余を経過致し、日夜前進の準備に気を揉まれ候得共、如何にせん徒歩砲兵隊の到着意の儘に不相成、併し愈々十八日頃には大部到着の見込有之候得ば、当日を以て第二、第四の両軍に前進を起さしめ、司令部明後十七日を以て当地を発し、逐次遼陽に向て前進致す様に相成候。攻撃前進の方法等は疾く参謀本部より御聞き取りの儀と存候。優勢なる敵に対し此攻撃前進は実に児玉閣下の勇大なる御決心と存候。世間には旅順陥落を待て第三軍を合したる後にするを可とする等の議論も可有之候得共、我に兵力加はれば彼には尚ほ多数の兵力を増加し、且つ第三軍を招致するには多くの日子を費す次第に付き、今日の御決心は最とも時機に適したる儀に被存候。要するに時日は是れ敵に御座候。遼陽攻撃も旅順砲撃開始と略同一の時を期する筈に有之候得共、弾薬の準備、部隊の到着等不如意なる為め四五日遅く相成候は遺憾に御座候。大本営では第三軍の旅順砲撃開始の遅引を残念に思はるゝ様子に候得共、此要塞攻略は慎重の準備を要するは勿論、世間の事情に制せられて失体を招くが如きことなきを要する次第なれば、総司令官が軍の計画を是認したる訳に有之、其以上他より如何に気を揉まれ候とも計画通り実行するの外他の忠言を容るゝの余地は毛頭無之、畢竟総司令官の作戦計画は絶対に信用せられて安心せらるゝ様御配慮奉願候。

遼陽以北の作戦に於ては第三軍を遼河の右岸地方に使用すること最も得策と存候。蓋し遼陽以北と申せば鉄嶺に於ては是非共大会戦のあることを預〔予〕期するが至当にして、敵亦容易に此地点を放棄致す間敷と被存候。或は敵は捲土重来の勢を以て攻勢を転し来るやも不計、就ては遼陽攻略後は総司令部の請求を待たず充分に諸準備を整へて爾後の戦勝を確実ならしむる様、大本営に於てて〔ママ〕予て御覚悟有之度きことゝ存候。

今日迄雨期の前後と云ふことに無暗に心配致され、又営口占領後に於ける支那ジャンク等を使用するの利益は不確実として兵站業務の要素中に算入せざる為め、狐疑の中に凡そ一ケ月計りの日子を損失して、遂に敵をして自ら過失を恢復して遼陽に退却するを得せしめたるは実に千秋の遺憾に御座候。

今日第三軍を待たずして遼陽を攻撃せんとする児玉閣下の決心は、一、二ケ月以前にも有之しは相違なかりしも、中老連中に其決意を阻碍せしものありしは如何にも残念此事に御座候。大体に於て大本営は冬期に入る前に総軍をして鉄嶺の会戦を首尾克結了せしめ得る様今後の御準備肝要かと被存候。

未来の計画は予め大本営に報告し、大本営に於ても其計画を達成せしむる為め御準備あれば何事も順序克く、且つ遅滞を招くの恐れも無之候得共、予め未来の計画を報告せば干渉を招くことを恐れらるるかの如き観あるは、従来よりする閣下方の行き掛りとして如何にも残念なる次第に御座候。何卒本国の御方は出先きの御方を充分御信用に相成、出先きの御方は本国の御方に御依頼なさるゝ様に致し度、実に邦家の為め祈る処に御座候。閣下方の間には何か痒き処に手の届かぬかの如き気味あるは此際一入残念に被存候。右師団の動作軍司令部の内情を聞けば閣下仲々御安心は出来不申、何れ其内機会あれば御報知可申上候。時候柄時下御自養為邦家奉祈候。書中放言乱筆字句不穏当なるは幾重も御海容被下度候。先は御機嫌伺ひ旁。草々敬具

八月十五日　　古家子　田中義一

寺内閣下

5　明治(37)年9月5日

拝啓　閣下益御清適之段奉賀候。当司令部員一同至極壮健に罷在候間乍憚御放慮被下度候。扨遼陽の攻撃も成功して実に恐悦之儀に御座候。一時は実に苦心の境遇に陥り候所、辛ふして奏功せしは無此上仕合に御座候。敵は逐日新鋭の兵力を輸送し来りて直に戦線に加へ居り候に付き、今二、三日間遅緩せば或は勝敗の数に違算を生するやも難計かと思はれ申候。今後敵は益兵力を増加して捲土重来の状勢に立ち至るやも難計、且つ我軍人馬の補充、弾薬の供給には尚ほ若干の日子を要し、旅順の陥落は未だ急速の運びに至らず、此際敵若し大優勢の兵力を使用せば、仮令ひ我兵勇敢なりと雖とも兵力の弱勢且つ軍隊の未整頓は、或は折角得たる主作戦の勝利を水泡に帰せしむることなきか、此処最とも痛心に堪へざる処に御座候。就ては至急第八師団を満州軍に増加相成候方刻下の急務と存候。若し此師団は韓国との関係を全く離れ得ざる事情も候得ば、之を第一軍の右側

に増加して本渓湖方面に使用し、万一の場合には情況の如何を論せず此師団を韓国方面に引退して国境の防備をなさしむると云ふ条件を附せられ候得ば、恐らく御異存の方は有之間敷と存候。要するに此際野戦軍をして窮境に陥らしめざる様御配慮あるべきは、申す迄もなく閣下方の御胸算に存することゝは存候得共、勝つものは傲り易きの場合に候得ば好便に托し不取敢尊厳を犯候次第に御座候間、何卒御熟考被下度御願上候。

先は時間の猶余なきを以て取急き要件のみ申進候。乱筆蕪言は平に御容赦奉願候。

九月五日　　田中義一

寺内閣下

其内時下御自愛申も疎に御座候。

各師団の戦闘動作に仲々申し分有之、今後閣下の御責任は益重加することゝ被存候。

〔註〕封筒表「陸軍中将寺内正毅殿　私信」、封筒裏「満州軍総司令部　田中中佐」。

6　明治(38)年2月7日

拝啓　閣下益御清健為邦家慶賀此事に奉存候。降而小生儀も至極健康に勤務罷在候間乍憚御放念被成下度候。児玉閣下も至て御壮健に御座候間之又御安心被遊度候。扨当節は結氷末期に於ける準備最中にして、第三軍の集中も甘く進捗致し、此分にては予定通り遅くも廿二、三日頃には準備完成して思ひ切たる活動も出来可申と愚考罷在候。先達ては黒溝台附近に於て稍真面目らしき攻勢的運動を企て来り候得共、首尾克撃退は仕候。併し一時第八師団長に三師団半計りの兵力を指揮致させ候為め、其動作一致を欠ぎたる等、頗る不感服のことも有之候得共、敵は全く指揮の統一を欠ぎ一頓に全兵力を使用せずして遂に逐次に撃破する処と相成候。併し之れが為め好まぬ時期に本戦を為さゞるを得ざる場合に立至るかと実は児玉閣下も心配致され候得共、敵の行動不一致なる為め握りたる汗を乾し得たる次第に御座候。要するに敵の連敗する原因は指揮の不統一に有之は皆人の知る処に有之、然るに我は却て指揮の系統を異にする鴨緑軍なるもの編成せられ、且つ其戦闘準備の時期も一致せざる所ありて、多分満州軍が活動を始むる前に此軍の準備完成は覚束なかるべく、此事に付き川村閣下当地通過の際充分交渉せらるべき筈に御座候。之れ等は元帥閣下の御意図なる趣きに候得共、之れに閣下が御賛同被遊たる次第に御座候儀は不審罷在次第に御座候。決戦を予期せし遼陽戦に第八師団を本国に留め置きたる如き、将来の研究上大疑問となるものは皆元帥の意図なれば致方なしと云ふが如、兎角世の注意を呼び起す程の大疑問あれば一に之を元帥の名に帰するに至ては、一入閣下の御賢慮を仰かざるを得ざることゝ存候。

再昨日来、敵が又候我左翼に向て攻撃し来るやの徴候有之候に付き、待ち構の準備を致し居候。

要するに露都の騒乱西伯利鉄道沿線の紛騒等実に乗す可きの好時期に御座候得共、第三軍の諸準備未だ全からず、日一日と其完成を待居る次第に御座候。

今度は万端の補充も余程充実し来り候間、思ひ切たる活動をなさんと各軍とも大に勢付き居り候は如何にも頼敷き次第に御座候。

先は御機嫌伺旁要件のみ為御参考申上候。蕪言乱筆偏に御海容被下度候。

乍筆末奥様に可然御伝声奉願候。其内御政務繁多の折柄精々御自愛為邦家申も疎に御座候。敬具

二月七日　　　　　　　　　　　　　　　義一拝

寺内閣下　梧下

7　明治(38)年6月1日

拝啓　閣下益御勇壮之段奉賀候。隋而児玉閣下始め一同去月廿日道中無異帰奉仕候間、乍憚御放慮被成下度候。

扨今回之海戦にて敵は全く海軍国たる資格を失ふに至りたるは為邦家御同慶之至りに奉存候。申す迄も無之、今後陸軍の運命が困難なるを思へば堪へ得る条件の下に万全の効果を収めたきものに御座候。

満州軍も鉄道の改修未了なると目前に雨季を控ゆる今日に於ては、陸路兵站のみに依頼して前進運動を

起すは好で難境に投するに等しく、畢竟無意味に属するを以て、鉄道改修の準備を待つと同時に、現在の位置に依て雨季を経過する方得策と被存候。多分此方針に決定可相成と愚考罷在候。此処に閣下の御考慮を要する件は此後二ヶ月余りの時日間に亘る軍事費の経済に有之候。就中雨季を経過すると決定せば移動せざる間に於ても経費節約は一入之儀と存候。其主なるものは支那馬車の使用数を減少して手押にても宜しく候間、必要之場所に軽便鉄道を敷設する様に御仕向け相成ことに御座候。目下各軍は給養品其他諸軍需品を輸送するの必要は絶対のものには無之候得共、折角手に入れたる馬車を離散せしめざる為め、一の繋留法として諸種の物品を輸送し居るものにして、此節は各兵站司令部に有するものは少くも五百輌に達すべく、各軍を累計すれば最少限二万以上にして一輌一日平均十四円位いに候故、一日に二十八万円一ヶ月には八十四、五万円の数に上るべく、此一ヶ月分の費用を投して軽便鉄道材料の調弁に応用なさるゝ様仕向けられ候得ば、之れのみにても将来のことを計算すれは莫大の節約と被存候。其他各倉庫並に兵站経路を巡視して巨細に観察すれば、多大の節約をなし得る点を所々に発見するを得べくと愚考致し居候。何卒一日も速に陸軍省より有力なる当局者を派遣して視察せしめ、且つ軍制上に関する事項をも整理せしめられ度、此際特に必要なる儀と存候。大山元帥並に児玉閣下も共に御健在に御座候。

先は御機嫌伺旁戦勝御祝詞迄御左右申□〔カスレ〕候。其内為邦家御尊体御自重申も疎に御座候。御令息様も御勇健の趣に御座候。馬鞍は克きものを児玉閣下より取り帰され候間、右様御承知被下度候。

乍筆末御内輪様へ宜しく御伝声奉願候。

六月一日　　　　　　　　　　　　　　　　　　義一拝

寺内閣下

8　明治(38)年8月29日

雨期已に去て秋高馬肥之折柄、閣下益御勇健に被為在国務御多端之儀と奉存候。当部元帥大将始め各位健全に罷在候間乍他事御放念被下度候。

宇佐川閣下も最早御帰京に相成候得は当軍の情況は大〔抵〕御聞取り被成候儀と奉存候。当節は天候も良好申分無之、各軍隊の健康も最良に、志気も旺盛、馬匹も肥へ、労働には実に好適之時節に有之候。又第十四師団は疾く宿営地に集合を終りて目下法庫門の西方に位置し、第十六師団も大部の輸送を終りて開原、鉄嶺の間に宿営し、各混成旅団の編成も全く完了を告け、満州全軍何時にても活動し得るの情況に御座候。併し内部の情況を精察すれば、講和談判開始以来多少惰気を生し居るは免れざる次第にて、目下務めて之を興奮するの手段を講しつゝある次第に御座候。

敵も奉天戦後已に六ヶ月の日子を費したる今日に於ては大〔抵〕人馬の補充を終り、第十九軍団の大部は已に戦場に到着し、狙撃師団及旅団の編成替も最早完了したるかと被存候。之れに目下輸送中の第九軍団を加ふれ〔ママ〕ば歩兵師団のみにても約三十六個の数に達すべく、其内より従来の戦闘に於て経験せし如く後方輜重の為め戦闘員を減し其数を最少限戦闘員の約十分の一とするも三十二個師団は可有之、輸送中の第九軍団を除けば現在は三十師団の勘定に御座候。彼様に計算すれば敵我の兵力に非常なる懸隔ありて迚も攻撃前進覚束なかき〔ママ〕が如く思はれ候得共、決して恐るるに足らず、必勝を期して攻撃運動を開始し得可くと確信致し居り候。之れは奉天戦の当時に於ても計数上の算定は矢張り此如き等差ありたる次第に有之候。唯此際に於ける唯一の取るべき方法としては、各師団に於て予め充分なる見込損害数を補充するの準備をなし戦闘中其補充兵已に戦場に到着して逐次其損害を補充す、換言すれは戦闘終結迄各師団は其戦闘力を保持するの方法に有之候。有り余る軍隊を有せざる我軍の如きは後方線の短小なるを利用するの外良策は有之間敷と被存候。此如くすれは最初は仮令ひ劣勢なるも数日間戦闘の継続中我は却て優勢となり、遂に戦勝の効を偉大ならしむるを得るこ〔と〕と存候。初舞台の者を直ちに戦場に駆るは誠に好しきことには無之候得共、処謂に背に腹は代へられぬ事と存候。就ては陸軍省に於ても一時は各聯隊の定員に著しき超過を見ることも可有之候得共、其辺は条規に拘泥することなく大目に見られんことを切望致す次第に御座候。

乍去此処に最不審なるは敵が三十六個師団分の戦闘員を有するものとして、露国には補助輸卒等後方勤務に使用する特種大部隊の制度無之に付、之等の用途に使用するもの、即ち総ての後方勤務に使用する非戦員を此外とすれば、現在満州に在る彼の軍隊は七十万近くの人員と可相成、而して之を給養する為めに使用せらるゝ鉄道は貝加爾以西に於て一日十四列車乃至十六列車に過ぎざる趣に候得は、之れを軍隊輸送に供することなく全部給養列車に使用するも尚ほ不足ある筈に有之候。然るに事実は目下毎日五、六列車は軍隊輸送に使用し、其上二、三列車は普通列車として地方人民の需〔要〕用に供しつゝある有様に有之候。然らば此如き多数軍隊を如何にして給養するかは大なる疑問に有之候。如何に満州が物資に豊富なりとするも已に一年半の歳月間之を費消し、加之ず現今の如く浦港の密輸は杜絶せられ、満州の最とも富有なる地域の大部分は已に日本軍の占領に帰したる今日に於ては、地方物資も最早枯渇に近からんかと被存候。然れとも此疑問を事実統計的に確むるの手段無之為めに明言は出来不申候得共、実際敵の兵力、即ち真の戦闘員は表面に於て計上せし数より遥かに劣勢なるものかと推察被致候。恐らく各師団の定員中より其幾分を取りて非戦員の勤務に充用しつゝあることは奉天戦の時に於て経験せし通りにして、実際戦列に在りて戦闘する兵員は計上数より大に減少しあること殆んと疑ひ無之、従て敵我の兵力を単に数理上より打算して悲観的の感覚を起すことは毫も其理由無之、充分戦勝の効果を修め得るものと御信念被成度候。況んや満州軍には奉天戦当時より少くも四個師団以上の兵力増加の情況を呈し、之れに加ふるに前述の如く補充員の迅速なる準備を計画せらるれば勝敗の数に於て一点の疑念は無之事と被信候。

昨今閣下方の御尽粋〔瘁〕被遊候講和談判も最重要問題に関し行き脳〔悩〕みの折柄、閣下方の勝敗に関する御信念は此重要案件の解決に重大なる影況を及すことゝ被存候。閣下に於て右様の事は万々無之儀とは存候得共、直接の実験なき方々に対しては放大なる計数上の比較は兎角人意を動かし易きものに有之候間為念申上る次第に御坐候条、何卒御海容被下度奉願候。忍び得可き条件にての平和は固より希望する処にして、閣下方の疾く御配慮被為在処に御坐候得共、此間に於て敵我の軍情を精察被成候ことの利益なるは申す迄も無之ことゝ存候。今日の場合に於ける閣下方の御意図は独り軍事情のみに関するにあらず、経済上其他の事情多々可有之、大体の御方針は本年四月帰京の砌り総司令官への訓令中其行動は政略と一致する云々の文意削除せられざりし時に於て已に充分御推察申上候に付き、今日に於ても大低〔抵〕談判成立のこと〻信し居り、従て何事も御報道申上るは却て疎なるこ〔と〕と存候得共、万一忍び得られざる談判の成行きにも有之候得は、決して彼我の軍情に御疑念無之様為邦家懇願之至に奉存候。

講和談判成立せば其後は直接清国と満州に於ける今後の処置に関し協議を開かる〻運びに可相成と存候処、其節は日本の費用を以て満州に永く軍隊を駐在せしむるの不利益なるは申す迄も無之、仮令清国の費用を以てするも成る可く早く日本の軍隊を撤去し、鉄道掩護の責任に至る迄清国をして負担せしむる様致す方、却て利益と被存候。其代り満州地方には成る可く多くの清国軍隊を駐在せしむる様勧告し、取りも直さず清国の軍隊をして朝鮮保護の藩蔽〔屏〕たらしむる方得策と被存候。其際には満州駐在の清国軍の各高等司令部の幕僚には日本将校を顧問として万事に参画せしむること固より必要に可有之、要するに戦後は講和の条件有利なると否とに論なく軍備の拡張は免れ難く、従て多々軍事費の増加を要するの場合なれば、満州に於ては不生産的の行動は成る可く之を避け、専ら実利主義を取て経済上の利益を先きにすること肝要と被存候。又戦後の軍備も拡張と云ふよりは先つ充実を専一とし徒らに放大なる不充実の拡張は絶対に排斥すべきこと〻存候。其れにしても今後の日露間の戦を準備する為めには仲々の大事業と被存候に付き、着実に且つ順序的に計画し漸次確実なる拡張をなすこと肝要に可有之、之れが為めには廿七八年戦後に於ける如く漫りに澎〔膨〕張せる編成を先きにして其要素堅実之れに伴はざるが如く杜撰なる方法は之を避くること緊要と存候。実は戦後に於ける軍事的経営に関し卑見有之候得共、閣下の御高覧に供するの時機尚ほ早しと心得へ〔ママ〕態と差控へ居り候。孰れ其機会到来せば御参考の一部にもと存し、遠慮なく進呈する心得に御坐候。

当軍の兵站業務も宇佐川閣下より御聞き取りの通り随分行き届かざる点も多々有之、因て此節は其業務の主任者、即ち総兵站部の参謀一名宛常時各兵站地を巡視することに相成候。畢竟兵站業務は常時巡視して其実行を監督〔する〕こと、其成蹟〔績〕を挙ぐるに付ての最良なる手段に有之候。

以上近来大に思ひ当ること有之候に付き、御機嫌伺ひ旁尊厳を犯して申進候。幾部分にても閣下の御参考とならば幸甚の至りに存候。行文と文字の乱雑無規にして敬意に欠ぐる処は幾重も御容赦被成下度奉懇願候。草々敬具

乍筆末国務御多端の折柄一入為邦家御加養専一に被遊度申も疎に御座候。又御家族様方へも宜しく御願ひ申上候。

八月二十九日　　　義一拝

寺内閣下　梧下

〔註〕封筒表「東京永田町陸軍大臣官舎　陸軍中将寺内正毅殿　秘書留　公用　親展」、封筒裏「出征満州軍総司令部　陸軍歩兵中佐田中義一」。年代は消印による。

明治45年・大正元年

9　明治(45)年2月21日

謹啓　余寒之砌に御座候得共御地之気候柄寒気も随分厳敷きことゝ奉存候。先達来御容体は時々相伺ひ居り候処、当節は最早御全快被為遊候ことゝ奉存候。国歩多難之折柄精々御加養被為遊度為邦家不堪切望候。降て小生儀も依旧頑健に犬馬之労に服し居り候得共、何分微力にして御意図に合せざる儀も多々可有之、実以汗顔之次第に御座候。時局問題に就ては数度電報申上候次第にて如何にも腑甲斐なき体裁に御座候。政府として全く無方針無為にして大勢の推移に任すと云に過ぎす、進て大局の転環を促し若くは機会を作ると云ふが如き観念は毛頭無之、遂に袁世凱は英公使に飜弄せられて、得る処は支那人に軽侮せられ、満州之地盤迄亀裂を生せしは、諸外国より将に外交圏外に放逐せられんとして、漸く露国之袖に縋り行けは、孤立之危殆を招くの恐れを抱かしむると云に過ぎざる次第に御座候。山県、桂両公よりも屡々忠告も有之候得共、殆んど耳を傾けざるのみならず却て之を五月蠅く思ふの模様も相見へ候に付き、両公は最早何事に限らず注意を与ふることを避けらるゝと申す仕義に相成候。此国歩多難之際政事に不熱心なるのみならず、党派心に沈溺して国家の前途を省みす、見す〱千歳一遇之好機を放慢[漫]に付せらるゝは遺憾至極に奉存候。乍去大低[抵]御推量被為遊候儀とは存候得共、特に御報導致し度儀は政府をして此如き失態を演せしむるに至りたる原動力の存在と申す事に御座候。帝国の大陸に向て発展するを喜ばざる部類の人あり、自己の畑を拡張することのみを知て国の存立を思はざるの人あり、又之より生する猜疑心より他の発展の途を杜絶する為めには国運を犠牲に供するをも辞せずと云ふが如き一派の人々あり、此人には閣下御出発前鳥渡御話し有之候通り政府の党与と結託し、今日政府の中心は此種人類之手中に帰したるが如き感あらしむる仕義に立ち至りて、何事も政府の行動を制〔掣〕肘して無為に終らしめんとするの結果は此如き失態を持ち来したる訳に御座候。而して政府当局者中之れに拮抗して頽勢を支ふ可き責任を有する人も可有之筈に御座候得共、意思の薄弱なると怜悧に失すると、且つ健全なる思想は健全の体力に存すると申す原則に反する人に期待す可らざるは、遺憾と云ふよりは寧ろ無理と云ふ方当然には有之間敷哉。自分之不行届にして輔佐の任に堪へず重る責任を思ふて苦慮之余り思ひ起す次第に御座候。就中此情況と四囲の趨勢を顧みれは我陸軍は近き未来に於て非常なる苦境に遭遇することなきかと一入心痛罷在候。大圧力の墜下は遠からぬ行程にあるは申す迄も無之、乍去能く之を抗拒する弾力を発揮せらるゝや否、其辺に付き実は今より思案に余り居り候。山県老公は固より、取り別け桂公は一入掛〔懸〕念せらるゝ様見受られ候。閣下に於せられても千万御承知にも有之且つ予め其等の御配慮も相附き居ることゝは存候得共、小生は已を得ざれは背に腹は替られず最後の手段として辞職勧告可致と決心致し居り候。要するに時局問題より延いて我陸軍の為めには危急存亡の時到来不致と苦心致し居り候。就ては今より篤と御賢慮を運され、相当之方法御考へ置き被成下度、為邦家切に懇願致す次第に御座候。諸事抽象的に申述べ態と立ち入りたる申し分は避る次第に御座候得共、万端御推量被為遊度御願申上候。

先は御見舞旁要件のみ申進候。呉々御加養被為遊度申も疎に御座候。乍筆末奥様に宜敷御願申上候。恐

惶敬具

二月廿一日　　　　　　　　　　　　　　　　　　　　義一

寺内閣下

〔註〕封筒表「朝鮮京城　私信　伯爵寺内正毅殿　極秘」、封筒裏「陸軍省　田中少将」。

10　明治(45)年(3)月20日

追々春暖之時節に差向候処御快復後之御模様にも別段御異りは無之哉と奉恐察候。過日之御芳翰拝読仕候。御心附之儀は一々敬承仕候。其後之時局問題は依然退縮と申上るの外無之、露国は満蒙西部支那之特種関係を標榜して活動を始め、日本は之を利用して他日の地歩を固むるは当然に御座候得共、乍遺憾寧ろ手を束ねて傍観之態度を取ると云ふに過ぎず、尤とも蒙古の勢力範囲問題は露国に交渉を続ける筈に相成居り候。六国借款へは加入することゝ閣議決定致し候。乍去此政治借款之用途は勿論満州を除外して支那本土に対する意味なることは表明する筈に御座候。従来の生産的四国借款にも前顕の条件にて加入す可く決定せしことゝ被存候。国外鉄道之沿線に陸上交通線架設は十六日より決行之筈に有之候得共、外交上の関係より是非中止致し呉るゝ様とのことゝ相成候。乍残念中止命令を発し、其次第上聞に達し候処恐れ多き次第に御座候得共、陛下より中止の理由御下問を蒙り、其説明上奏は外務大臣に於て致され申候。電信隊を出発せしめたる後に如此変更は陛下御命令の尊厳にも関し、実に遺憾之次第に御座候。

次官閣下より大略御報導相成候儀とは存候得共、石本閣下は過日より宿痾増進之御模様に有之、唯今は大分重体と被相成何時不祥事之出来致すやも難計き御様子に有之、実に痛心罷在候。万一の事出来候場合には余程考慮すべき関係に可有之と被存候。万事制度整理に逃げ込む現内閣は余程陸軍に切り込む目論見の如く聞き及び候。推察には御座候得共、之れに対する陸軍の態度は内閣退避之口実を作ると同時に、党略上将来論争の目的物となす考へには有之間敷哉と被考筋も有之、左すれば万一石本閣下に不祥事有之候節、御後任者の就職条件は大に講求する事柄にも可有之、又後任者御推薦之参考にも可相成は勿論之儀に御座候。彼是思ひ合すれば政治的立場と陸軍的立場の調和は此時機に於て大に考慮可相成要儀と被存候。就ては差出ヶ間敷申条に御座候得共、朝鮮にて別段重大なる事体も無之候得ば、此際可成早々御帰京相成、其辺の切り盛り等御用意被遊候方為邦家必要かと被存候。固より兼て御思召は可有之候得共、別して此際御考慮を仰き度き次第に御座候。

国防会議と云ふは多分要塞整理委員と云ふことゝ存候。其方は着々進渉〔捗〕致し居候。国防問題を根本的に解決する儀に就ては、過日長谷川閣下、乃木閣下御同席の上委曲申述べ速に解決之必要を説明致し書類をも差上置候処、両閣下は山県元帥に相談したる上何とか解決に着手可被成様申され候得共、今以何事の御返答も無之遺憾に存候。

日露協会も御不在中随分種々なる曲折も有之候得共、後藤男爵之御尽力に因り諸事首尾克纏り予期は資金を集蒐〔ママ〕し得可き見込も相立ち、過る十六日閑院宮御殿に於て幹事、評議員一同御招を蒙り盛大なる賜宴有之、一同至極良好なる感情を喚起致し、之れにて一段落と相成候間御安心被遊度候。何れ協会より委曲報告可致候得共、茲に概略申進候。尚ほ多少会規の修正と共に会務は着々進捗致す様取計ふ積りに御座候。

先は御見舞旁要件のみ申上候。乱筆尊厳を犯すの罪御海容奉願候。乍筆末御奥様へ宜敷御願申上候。恐惶敬具

廿日　　　義一

寺内閣下

〔註〕封筒表「〔京〕城寺内総督閣下　極秘　三月廿五日閲」、封筒裏「陸軍省　田中少将」「陸軍省用〔スタンプ〕」。

11　明治45年4月3日

明治四十五年四月三日午前九時三十分東京発
午前十一時―分京城著

総督宛　田中少将

暗号
石本閣下の薨去痛惜に耐へす。
山県元帥の命により左の件閣下に報告す。
故石本閣下より閣下に辞職の相談ありし節元帥は後任者の決定に関し閣下の御意見もあることなれは、

上原中将を推薦せられ桂閣下も同意せられ、元帥は更らに上原中将を小田原に呼ひ寄せ特と内外の形勢より将来の事を相談せられたる赴きなり。上原中将は自分を知るものは閣下に若くはなし、故に一応直接に閣下の御意見を聞かれたる上覚悟を定めらるゝことゝなりたり。

12 大正(元)年(12)月27日

謹啓　最早歳末にも相成候処閣下益御勇健に被為渡候段恐悦申上候。降而小生儀今般歩兵第二旅団長に転任仕候間、此段御報告申上候。是より更に軍隊勤務に精励可仕覚悟に御座候。
今回之政変に就ては時々御報告申上置候に付特に申述ぶる必要も無之、委曲御承知之儀と存候。昨今桂首相之御決心も固く政党仲間も大に紛糾之有様に候得共、到底意気地張り得るや否大に観物に御座候。上原へも種々勧告も仕候得共、兎に角増師問題に目鼻の附く迄は〔と〕固く辞退致され候次第、一面には浅田閣下を動かして世評の累を元帥に及ぼす恐れありと云ふが真意かと被存候。之亦一応尤の次第と存候。乍去前年度予算なれば事実は双方延期に相成候得共、結局国防統一の目的を達して調査に一ヶ年の時とを費すと云ふ体裁と相成可申候。海軍が前内閣中に予算に計上せずして事実は昨年より着手せしが如き不誠実の仕方は、今となりては余程の痛手と相成、遂に注文中の軍艦は何とか仕末すると云ふ位いにて留任となりしも、腑甲斐なき次第に御座候。兎に角今後新陸相之決心に大関係あることに候得共、今之所上原前相の意思を継承すると云ふことには相成居候。又参謀本部の今後に於ける活動は時勢の必要に被存候。唯御気の毒に堪へざるは山県元帥に御座候。殆んど退隠の有様に御座候。此如く世論の焼〔焦〕点となられたるは政友会連中之予定計画なりとは云ひながら危激の言辞を恣にせしめし、前閣員の陋劣は恕す可らざるものと被存候。両三日中に小田原に行かるゝ筈に御座候得ば、却て宜敷かるべしと存候。小生は此際別人の如く従来の行掛りを棄て、専心正面勤務に鞅掌可仕覚悟に御座候。愚痴之様に候得共、今回の政変は小策を弄する佞者の為めに、国家の基礎強固ならざることを暴露するに至りしは返す〻も残念に御座候。

先は御見舞旁御機嫌相伺候。其内為邦家御自愛被遊度候。恐惶敬具

廿七日　　義一

寺内閣下

〔註〕封筒表「京城総督府　寺内大将閣下　乞親剪」、封筒裏「陸軍省　田中少将」「陸軍省用」。

大正2年

13　大正（2）年2月2日

久敷御左右不承候処閣下益御勇健に被為渡候儀と奉存候。降而小生儀も昨年末転職以来只管当面之軍務に鞅掌仕居候間、乍憚御放念被成下度候。

昨年末之政変以来種々転換之結局は桂公の政党組織と相成、勿論今直にと申す訳には無之、何れ今一回停会と云ふことに相成、然る後解散して公然組織に着手せらるべきことゝ被存候。昨年末の行き掛り上遂に此如き勢を助成したる様に相見へ候得共、公の政党に関する御考は最初より経路あるものゝ様に被考候。而して昨年政友会の横暴を制する為め非妥協を標榜して国民党系の者流を利用したる関係は此趨勢を作成したるものにして、今回の決心の動機と相成申候。小生は昨年末以来絶対に公爵に御目に掛り不申候得共、今日の如き情況に際して最注意を要するは軍部の体度と被存候。万一海軍は政友会、陸軍は新政党と云ふ如き分野を作り候ては実に国家の為め憂ふべき一大事と被存候。今日の要件は陸海軍協同して政党圏外に屹然たること肝要之儀と存候。又最注意す可きは世間の趨向に阿附して政府に権威なく、政府に権威なければ遂に皇室の尊厳に関係を及すべく、世間は此欽定憲法を英国流に解釈するに至るべし。又今回桂公の政党は却て陸海軍の大臣に関する官制を改正する主張を為すに至るべき懸念有之、目下は桂公の意思此処に存せずと申され候得共、将来は実は逆睹す可らざることゝ存候。乍去現時の情勢は政友会の出様に応して直ちに解散となるやも計れず、又他の一面よりは解散をも辞せざる政府の意気込なれば、政友会の気勢を殺ぎ却て解散に及ばざるやも難計候。併し公の意気込は堅確に有之様被存候。又新政党側には解散を便とするものと否らざるものと二様に分れ居り候得共、大局に於て今回の如く一般の世間が不秩序に陥りたる以上、解散にあらざれば之を医するの途は有之間敷と被存候。唯公が政党を組織せらるゝに致しても、国民党に頭を下ぐる様に立ち至りたるは遺憾の極に御座候。昨年末元老会議の始まる前には、閣下が内閣を組織せらるゝ場合には彼等は全く無条件にて旗下に馳せ参す可く、大隈も必ず閣下を助くべく約束せられ、現に国民党は前記の次第にて小生に会見を申し込み参りたることも有之候。然るに今は却て桂公が此已定の趨向を利用せられ、而して膝を屈して之れを迎へられたるが如きは甚だ恥す可きことゝ存候。目下桂公唯一の援助者は大隈伯にして、伯は閣下に期待せられたる処を桂公に嫁せられたる訳に御座候。彼の時閣下が立たるゝも、桂公たるも、恐らく一時は現時の情勢と可相成、唯異なる処は無条件の参集と膝を屈して迎ふるの差あるは明燎〔瞭〕にして、此差は政府としては将来に大なる影響を与ふることゝ可相成候。今後は固より現時尤とも苦悶するものは政友会の原及野田等に御座候。現時の情況より将来を推断すれば、新政党の発展意の如くならざれば、桂公は閣下を推薦して野に下ると云ふ考を起さるゝやも計られず。又一面原等は閣下に接近せんとするやも難計、要するに近き将来は余程注意を要することゝ存候。陸軍としては此際余程意思を強固に保持せざれば最大なる困厄に遭遇するやも難計と被存候。過日も例の五千万円天引より起り、大臣、次官等に陸軍の経常費を更に多く捻出せんとの意向有之に付き、岡次官に思ひ切たる忠告を為す。若し首相が代りたる為めに陸軍の処置に相違あれば陸軍は信を天下に失ふべきことを説き、之れが為め一時は思ひ止まりたる模様に候得共、昨今更に大なる要求を陸軍に提供する様に相見へ、之れに対する陸軍の立ち場は如何にす可きや、臨時軍事費の打ち切りと云ふが如きは無論のことゝ可相成、大臣と公との関係及岡が嘗て公に陸軍経理の内情を打ち明けし行き掛り上、前途頗る憂慮に堪へざる次第に御座候。此際特に必要なるは参謀本部の活動に有之候。又今後の趨向を考ふれば寧ろ以前の如く動員編制を参謀本部に移し、以て政争以外に堅固なる基礎確定し置くこと肝要と被存候。然らざれば臍を嚙むの悔を将来に遺すに至るべくと憂慮罷在候。是等は人の問題と云ふことに帰着するとすれば、小生も諸種の関係上上原中将を参謀総長に据へると云ふことが刻下の必要と被存候。此外大局の上より考へ、将来尤とも注意を払ふべきは、六、七年の後には約三百万にも達すべき在郷軍人を適当に指導し、之を一般の青年に推し及ぼして、国民の思想を健全に導き国家の基礎を固むることに御座候。今回の教育令の如きも大体其意味を含ませ置き候得共、良卒は即ち良民なりと云ふ主義は教育に内務に一貫する様に相成候。尚ほ在郷軍人会の機関戦友の如き今日は最早約七万と云ふ数に達し候に付き、此際之を旬刊少くも月に二回の発行として大に国民を指導すること実に刻下の急務と存候得共、経済上の関係は容易に其実行に着手する能はざる事情有之、苦心罷在候。閣下に於せられても其辺の御配慮を賜はり、閣下御指導の下に此意味の大発展を遂げ、国家に貢献することを得れば、為邦家最大の幸福と存候。軍人会は漸々好況に発展し、地方と軍隊との関係も余程面目を改め来り候間、此際更に奮励を要することゝ存候。何卒適当の御指導を賜はり度御願申上候。

軍人後援会も愈々先月廿一日伏見宮殿下総裁に就職あらせられ候に付き、明後四日殿下の御殿に全国聯隊区司令官の会同を期し、同時に軍人後援会の為めに別に令旨を賜はることに取り計ひ、且つ諒暗〔闇〕中に付き偕行社に於て聯隊区司令官、軍人後援会の役員の会食を催ふし、相互意思の疎通を計り、提携の実を挙ぐることに取り計ひ置き候間、是亦御承知被成下度候。

昨年の増師問題に於けると同様、兎角国民中には陸軍に対し不可解的観念を有する者大部分に有之、其れが為め陸軍の蒙る不利益は莫大なるものと被存候に付き、今後は随時に国民の迷を解く手段を講すること必要と被存候。現に増師問題の如き、軍人と雖とも其真相を解する者は僅少に有之、況んや在郷軍人に御座候。就ては政治的記事に亘ることを避け、教訓的に真相を説明したるものを戦友に記載するは必ずしも不可なることには有之間敷、世間の思惑に遠慮致し居り候ては何時其真相を了解す可きか、陸軍は終始怨を呑むと云ふことゝ可相成、就ては別冊原稿を河野の処へ送附致し置候間、一応御点検の上適当の御斧正を賜はり、戦友に載することの御許可を得度候。山県元帥は切に記載を希望致され居られ候。

上原中将は今以て郷里に起臥致し居り候。兎に角一応帰京せらるゝ方必要と存し候に付き勧告致し居り候。閣下よりも御序の節宜しく御願申上候。余り長く待命と相成居候ては大臣は現役に限らずと云ふ意味を強めることににも可相成と愚考仕候。

閣下も御地に於て支障無之候得ば、来月頃には一応御帰京被為遊候ては如何に御座候哉。総ての点に於て一応の御出京は必要の様に被存候。

先は近況の御報告旁御機嫌相伺候。為邦家御健康の保持専一に存候。時局多難にして世間の趨向に阿附するの情態は定めし閣下の不愉快を感せらるゝことゝ被存候得共、国家は永久に御座候。一時の変動に因りて過度に御心痛無之様切に祈る次第に御座候。
乱雑なる書面敬意を欠くの恐れ有之候得共、何卒御海容被下度奉願候。恐惶敬白

二月二日　　義一拝

寺内閣下

〔註〕封筒表「朝鮮京城　伯爵寺内正毅殿　秘親剪　私信」、封筒裏「東京西大久保四四一　田中義一」。

14　大正(2)年(2)月15日

謹啓　御芳書拝読仕候。益御勇健に被為渡候段為邦家大慶不過之候。降而小生儀も依旧頑健に消光罷在候間、乍憚御放念被成下度候。過日の電報も早速後藤男へ進呈し、同男は大浦男と相談の上直接閣下に返電せらるゝ趣に御座候付き、右様御承知奉願候。

扨最近の政変は実に言語に断へたる有様に有之、其模様は疾く御承知の儀と存候。実に一般に社会の状態が彼様に険悪に推移致候ては皇室の尊厳を傷ひ、国体を危ふするに至るべくと憂慮に堪へざる次第に御座候。又此間に社会主義者の乗するありて益彼等の跳梁を便にすることゝ相成、当節は東京より漸次京坂神地方へ漫延し、殆んど無政府の状態と相成、其有様真に一種のクーデターに有之候。幸に軍隊の威圧に依り秩序を維持致し候得共、之を使用するの手段緩慢に失し、反抗の暗流は各方面に弥漫する様に被存候。桂公今回の御処置は実に千載の恨事遺憾の極に御座候。何故解散を断行し正々堂々の処置に

出られざりしか。山本の出現を機会に議会を其儘放擲して辞職せられたるは何人も心事を疑はざるを得ざる次第に御座候。閣員一同も実際唖然たる有様に御座候。山本の政友会の蔭武者たるは新しきことには無之、此人或は勅諚に依り政友会の鎮撫効を奏せんとするを見て出動の機会を逸せんことを恐れ、自ら乗り出したるには相違無之、桂公も此人に責任を被せて政友会を苦めんとする権略に出で突〔ママ〕嗟に決定せられたる由に御座候得共、乍去権変に走りて国家を思はず政権を弄して益々社会の状態を険悪ならしめられたるの害悪は其責を免れ難きことゝ存候。此如く政府に権威無ければ将来の変化如何成り行く可きか憂慮に堪へず。山県老公も実に憤慨致され居り候。閣下今暫く御滞鮮相成候て世の視聴を避け、徐々に形勢の推移を御観望被成候こと必要の儀と存候。

山本内閣も成立中々六ケ敷、或は政友会分裂の動機と相成哉も難計と存候。山本大将も功名に走られたる為め前後の思慮なく飛び出し、西園寺、原等の方々に利用せられたるの形勢は歴然に御座候。而して桂公の此機を利用して新政党の拡張に努めらるゝも必然に可有之、是亦公の胸算中に数へられたることゝ被存候。

上原中将も過日愈々第三師団長の後任と決定致し已に御裁可あらせられたる模様に御座候。是れにて一安心に御座候。併し今回の政変を見て急に決行したるが如き観あるは遺憾に御座候。

木越陸相は留任と決定せし模様に御座候。増師問題を条件とせられたる由に御座候得共、如何なる程度迄確実なるものなるや否は不明に御座候。存外心細きことゝ被存候。併し山本大将は陸海軍大臣の文官説は決定的に否認せられたる由に御座候。

先は近時政変の模様報導旁御機嫌相伺候。兎に角閣下の此際に於ける御移動は機宜に適せざるものと被考候間、一入の御考慮相仰き度候。其内為邦家御自重専一に被存候。恐惶敬具

十五日　義一拝

寺内閣下

〔註〕封筒表「朝鮮京城　伯爵寺内正毅殿　親剪」、封筒裏「東京西大久保四四一　田中義一」。表に「二月十九日」と書き込みあり。年月は消印による。

15　大正(2)年(5)月15日

昨今気候之不順之折柄閣下益御勇健に被為渡候段為邦家大慶不過之候。降而小生儀依旧別条に無之勤務に鞅掌罷在候間、乍憚御放念被成下度候。

扨当時岡より御報道申上候通り辞職之余儀なきに立至り候次第、同情に不堪候。木越陸相は山本首相の頤使に甘んじ、陸軍を破壊しても政友会否現内閣の成功を助けんとし、之れが為めには手段を撰ばず、軍人としての人格と威厳を度外に置き、陋劣極まる所業有之候為め、諸先輩方は勿論本省内も一切統一する能はざる不仕末[始]と相成、而して其罪は皆之を岡の身上に嫁せんとするの模様相見へ、岡も将来に希望を有する人物、木越と情死して恢復す可らざる失態を一身に引き受けよとは強ゆることも出来不申、遺憾此事に御座候。整理額も経常に於て四百万近くも排出して増師は却て覚束なき仕儀に御座候。官制問題は編制の問題解決せざる為め未だ実行する能はず、参謀本部は更に進て大臣より人事権を分離せよ

と迫り、此難問は官制の実行を牽制致し居る模様に御座候。又官制問題の解決は却て増師の問題を不成立に終らしむるの恐れも有之候に付、此際は寧ろ官制問題を懸案中に置き増師の実行を強請せしむる方、策の得たるものと心得居り候。此意味に於て参謀本部へは極密に助勢致し居り候。木越陸相は昨今頗る苦境に在る様見受けられ候。本郷とは岡の辞職を思ひ止ましむる如き態度を装ひつゝ相談を遂げ、突嗟〔ママ〕に岡の仕末を為しめる如き消息も有之候。小生の如き全く局外に在るものには候得共、今回の致方は憤慨に堪へざる次第に御座候。又大局より打算して山本首相の致され方は余り上出来には無之、乍去内閣を破壊するは考へ物にも有之、其辺の切り盛りは到底木越の力量には無之、寧ろ此人を交迭せしむる方国家の為め利益なるは何人も認むる処にて、中央部の威信は全く地に落たる現状に御座候。小生は全く無関係の立場に有之、寸毫も干与せざる如く致し居り候得共、参謀本部より意見を聞きに来ることも有之候に付き、其節は個人の意見としては申し述べ居り候条、本部の方は大低〔抵〕誤らしめざる様秘密に心附け居候間、此方は御安心被遊度候。

国事多端の折柄陸軍の危機は国家の危機に有之、痛心の外無之、又何人も明確なる意思を以て局に当るものも無之、心慨至極に御座候。

市ケ谷本村町の同裳会倶楽部は今回市区改正の為め、前通り二間幅程削り取らるゝことゝ相成、大に困却致し居候。已を得ず建屋を奥の方へ移動せしむる心得に候得共、何分余地も無之、目下考案中に御座候。何れ近々図面相添へ御報可申上候。

先は最近の概況御報道申上候。節角為邦家御自愛被遊度。恐惶敬具

十五日　　　　　　　　　　　　　　　　　　　　義一

寺内閣下

〔註〕封筒表「朝鮮京城　伯爵寺内正毅殿　書留　必親剪」、封筒裏「東京西大久保四四一　田中義一」。年月は消印による。

16　大正(2)年(7)月15日

追々酷暑之気候に相成候処、御旅行中別に御障りも無之儀と奉存候。降て小生儀は依旧頑健に勤務罷在候間、乍憚御放念被下度候。

桂公の御病気は電報申上候通り、平井は今後二週間の内には変事来るやも不相分と申し居り候。政治上の御関係は別として昨年より今日迄の行き掛り上、此儘瞑目せらるゝは如何にも御残念のことゝ御同情に堪へず候。兎に角成功の歴史を有する大政治家として恐らく公の右に出つるものは事実に於て無之、然るに御末路の不振も亦公の如きは稀に有之、甚だ遺憾至極に存候。取り別け年来御懇命を蒙り候小生共は一入の思に御座候。何とかして生前に今一度山県元帥と御懇談を交へらるゝ機会あれば幾分か御安心の参ることゝ存候得共、之れも相叶ふ間敷、心慨に堪へず候。

山県元帥之方は目下左程掛念致す程には無之候得共、平井は衰弱の増加を患へ居り候。乍去昨今の分にては左迄心配にも及ばざる由申居り候。

陸軍問題に付其後首相は増師は行はず、陸軍は昨年の整理額は二百万、本年更に圧迫を加ふれは四百万以上となり、之れ不誠実を証するものにして、尚ほ一層強圧を加ふべくと申し居る由に御座候。楠瀬は増師と云はざるも兵力増加の必要を説き居るは事実に有之、本郷も表面丈けは気張り居り候得共、最後の帰着点は尚ほ陸軍に強要を加へて整理を要求し、増師と云はず本年より徴募する人員を増加して其場を繕ふ位いに過ぎざることゝ被存候。万事に腑甲斐なき仕打と残念千万に御座候。名を長閥に借りて陸軍を破壊するかの感も有之、大に注意を要することゝ存候。桂公の不幸なる場合には新政党の収集〔拾〕は如何にす可きか、之れ刻下の大問題に御座候。新政党の連中は無論閣下が表面上之を避けらるゝも、事実上の庇護を受くるを以て将来の活路と頼み居るには相違無之、然らざれは何人も一時たりとも之を収容するものなく、遂に瓦解に至るべしと悲観するは之亦無理からぬ事と被存候。乍去小生は此際閣下の御注意を願ひ度儀は、政党の消長にあらずして将来国家の大事に御座候。万一閣下が新政党に関係せらるゝことゝなれば、山本も勢ひ更に踏み込て政友会に関係す可く、然る時は陸軍は新政党を後援とし、政友会は海軍に依て立つと云ふが如き勢を成し、其極実に不測の変体を生し、政党と国防との因縁は事実上の土耳古となるに至るべく、之れ国家の大患に御座候。如何なることありとも閣下の現役に列せらるゝ以上、是等の問題に耳を借さるゝが如きことは万々無之儀と存候得共、切に特別の御配慮を要する時節と存候。併し今日の如く政友会をして横暴を極めしむるも無論許す可らざることなり。新政党の離散は之を防止するは勿論益発展せしむるの要あるは何人も異論なかるべく（政党が世の中に存する以上）、因て小生は一時過渡時代の便法として大隈を総裁たらしめ、各自寛大なる交譲的体度を持して国民党とも昔の大同団結的に収容所を設くるの外策有之間敷と被存候。左すれば之を操縦するにも左程困難には無之、又若干歳月の後には適当なる変体を与ふることも出来可申、固より好む処には無之候得共、之れも一時の便法には有之間敷哉。唯大隈が政綱として昔の如く政党内閣主義を持する時は、新政党と主義に於て不相容次第に候得共、併し之れは大隈のことなれば何とか融通も附き可申と被存候。閣下の御思召如何に御座候哉。之れは固より小生等の関知する処には無之候得共、唯閣下が新政党の嘆願に耳を傾けらるゝことなければ実に邦家の幸福に御座候。

在郷軍人会も地方長官の会合を機とし種々の方法を以て発展を謀り、彼等も近来軍人会なるものゝ忽にす可らざることを覚悟し来りたる折柄、大分乗気に相成、段々好景況に向ひ来り候。又青年会との関係も小松原、井上等と数次の談合を重ね、相互協同の意思を的確に疎通する様に致し候間、御安心被下度候。就ては過日申上候通り資金保管者の件は漸次本郷、楠瀬等の疑惑を生する種と相成候ては甚た不利益と相成可申と存候間、寧ろ此際に岡より本郷に申し継かしめらるゝ様御下命相成方為本会有利と被存候間、御一考被成下度候。

閣下の御帰京は個人としての御情義又先帝御一年祭御参列の思召あれば別として、大局上今暫く御帰京不相成方可然と被存候。勿論前便の通り御帰京は無之儀と存候得共、乍去又候御帰京の噂さも有之候間為念申述候。

其内為邦家御健康の保持に付き重々御注意被遊度、申も疎に御座候。恐惶敬具

十五日　義一拝

寺内閣下

17　大正（2）年（10）月6日

謹啓　御旅行中別段御障りも無之儀と奉存候。降て小生儀も爾後健康状体益佳良に体力元気も次第に旺盛と相成候様被存候間、乍恐御放念被成下度候。

両三日前本郷次官より小生旅行の件内定致し、発表は小生出発時期の都合次第に取計ふべき旨通知致来り候。旅行は往復共八ヶ月、径路は西比利より露、独、墺、バルカン、以、仏、英、米等を経て帰朝致すと云ふ計画に有之候趣に御座候。先以て閣下御厚情之御蔭を以て昨今の時期に此旅行を致し得る様に相成候次第感謝之辞も無之儀に御座候。乍去一身の上からは小生の苦心を此旅行の為めに売り、又公事より見て小生を邪摩〔魔〕にして外国に放逐したるが如き状況に不相成様注意を要するとは上原中将閣下之御意見に有之、小生も至極御尤ともの儀と存、其辺には特に注意を払ふ覚悟に御座候。又過般本郷次官態々上原中将の〔ママ〕訪問致し、其節の模様同中将より通報有之、其意味は小生旅行の件に関する打合せの外、時局に応する陸軍の懸案問題にて、本郷自身に対する信用は別として、兎に角意思は中将の考へと合致せし趣きに付、此分にて彼れが処信に向て進めば自分も意を安する処有之、且つ陸軍部内の結合も鞏固に向ふべくと期待致し居る云々との意味に御座候。何れ直接本郷若くは上原中将に面会して委曲相叩く可く存候得共、不取敢御報仕候。桂公も最早一ケ月の事に可有之、目下何人が公に預〔予〕告して覚悟を定めしむるか抔評定致し居る位いに御座候得ば、遺憾ながら御寿命の数も知らるゝ次第、今更の感に堪へず候。此に於而閣下の邦家に対する御負重は一段に御苦心を増加致す次第に有之、所詮御経略の存するへくとは存候得共、閣下個人として潔く被遊候境遇は最早天下の認めざることゝ相成候様に被存、一入御配慮遊さるゝ御儀と奉存候。

小生出発は何れ大演習後の積りに御座候得ば、遠からぬ内拝謁之際を期待仕候。其内時下御自重被為遊度、為邦家奉祈候。恐惶謹言

六日　　義一

寺内閣下

〔註〕封筒表「寺内大将閣下、親展」、封筒裏「田中少将」。封筒表に「十月八日接、返事せず　正毅」の書き込みあり。

18　大正(2)年(10)月10日

謹啓　御旅行中別に御障りも無之御帰府被為遊候儀と奉存候。降而小生儀も予後益良好に罷在候間乍恐御安堵被為下度候。最早御承知の通り桂公之突発的余病の脳血栓は最早旦夕の御命数に有之趣き、公をして此儘瞑目せらるゝは如何にも遺憾之次第、御同情に堪へず。昨年来政変之行掛りを推想して転た感慨之至りに御座候。閣下に於せられても已往の御追懐と共に一入之御感想奉推察候。
過る八日元帥を訪問仕、先づ小生旅行一条を御話し致し候処、老公も至極賛成致され候。公も桂公の最後に際し深き思に沈まれ居らるゝ模様に有之候。御出掛の場合にて短時間の御話に御座候得共是迄の意気消沈之体度に似もやらず大分活気も相見へ申候。桂公尚ほ意識を有せらるゝ間に多少安心せらるゝ哉との信〔親〕切より、三浦将軍が柴田に左の様なる言葉を伝へ呉るゝ様依頼せられたる由に御座候。幾分の御

参考と存候（山県公も今後黙止は不致政治上に於て考へを持ち居らるゝ様子に付安心せよ）。閣下は過般御暇乞も相済み之れが永世の御訣別と思召し、此際御帰京は無之事と被存候得共、如何に被思召候哉。十一月の演習には御帰京の儀に御座候得ば、個人としての御情誼は然ることと存候得共、大勢上よりは御帰京は然る可らざる儀と被存候。

其内為邦家御自愛被遊度奉祈候。恐惶謹言

十日朝　　　　義一

寺内閣下

〔註〕封筒表「寺内閣下　御親展」、封筒裏「田中義一」、封筒表に「十月十三日接　正毅」の書き込みあり。

19　大正(2)年(10)月28日

謹啓　秋冷之折柄閣下益御清適に御座被遊候段恐悦申上候。降而小生儀も全く恢復仕、日々勤務罷在候間、乍憚御放念被成下度奉願上候。

過日宇佐川閣下御帰鮮之砌り、陸軍の懸案に関する現在の成り行き、山県老公の意思、原田、松田と楠瀬の応対、首相と陸相の関係、平田子の行動、後藤男の挙措、大隈伯の閣下に対する希望的依頼、貴族院の現状（有地、山田春三等の諸先輩より聞取りしもの）等委曲伝言方依頼致し置候。何卒御聞取り被下度候。書面にては意を尽さゞる事も可有之と存し、且つ書信は却て危険と心得、伝言致したる次第に御座候。其内平田子の行動は有地、山田等の人々より伝承せしものに有之、多分間違は有之間敷と存候。

其外は皆直接承はりしものに御座候。

以上の状況委細御聞取り被遊候得ば、閣下に於て自ら御納得の参ること〻心得候間、御自問御自答の間に御判断被遊度候。小生は是等状況を総合判断して一種の疑ひも起り居り候得共、小生に於而唯今閣下の御意向を伺ふ可き必要も無之と存候。乍去甚だ恐れ入る申し条に候得共、後藤男の焦燥的挙措、平田子の歴史的に陰険にして堅確なる自信と誠意なき行動は共に不安の念を抱かざるを得ざる次第に御座候。要するに此際閣下の隠忍自重は自ら大勢を料理するの上策と被存候。万一右等渦中に一手だも御染め被遊候ては却て閣下の勢力を局限すること〻相成可申と存候。就ては形勢の推移に見据へ相附候迄、強制的に不自然なる措置を避くるの要有之様被存候間、御政務上万々緩め難き事情有之迄御帰京を御急ぎ被遊ざる方可然と奉存候。左すれば小生は朝鮮経由にて上途仕候処存に御座候得ば、京城にて御教示相受け可申と存候。固より諸方面の状況御判断被遊候而御思召も定まりたる儀には可有之候得共、最近桂公御逝去後の状勢混乱は寧ろ御自重の切なるを思はしめ候間、御無礼を顧みず卑見を憚らず申述候次第に付御憫笑被下度候。

仲小路の行動は目下非難の焼点と相成候得共、後藤男の現状と共に寧ろ已定のものにして、推断の要も無之、今更に奇異の思を為すにも及ばざる儀に御座候。乍去柴田等が盛に仲小路を非難して相疾〔嫉〕視するは如何にも器量なき事柄にして、遺憾此事に御座候。鶏鳴狗盗の人と雖とも自ら用ゆるに処あるべく、況んや彼れも亦一の人才なり。何も疾〔嫉〕視排斥の要も有之間敷と被存候。

陸軍問題は此儘陸相、首相間の曖昧なる処置に放任し、陸軍が原、松田の膝下に趨るが如き状体と相成候ては由々敷く、陸軍の威信を損し、成立の根本を破壊し、自ら陸軍を政党の渦中に投するに等しかるべく、此際寧ろ局面を一変して時勢に相応し且つ陸軍の威信を保つ丈けの手段を取るの要可有之と存し、其辺の意見も宇佐川閣下に伝言仕候間、閣下の御指図有之候得ば適当の途筋を求めて陸相に吹き込むの方法を講求可仕候間、単簡に御指図藤田に御下命被下度奉願候。

政友会は松田の病気（青山博士は大隈伯に胃癌と断言せし由）の為め大動揺を為し、政薩の間に反目の状あるは事実の由に御座候得ば、是も亦暫くの見物に御座候。大局に於ける形勢の転化は寧ろ此方面に可有之、従て其推移の見当次第自ら進て開拓するを要する時節も到来可致か、其辺は小生輩の揣摩を許さゞる範囲に可有之、切に閣下の適切なる御判断を仰く次第に御座候。

先は甚だ申訳なき程延引仕候得共、宇佐川閣下への伝言に添へ敢て尊厳を冒瀆仕候。其内時候柄為邦家御摂養奉祈候。恐惶謹言

廿八日　　義一

寺内閣下

20　大正（2）年（11）月2日

謹啓　爾後益御勇健に被為渡候儀と奉存候。降而小生儀は今回の機動演習には参与せざることゝ相成、滞京罷在候間、乍恐御放念奉願上候。

却説過日後藤男に面会し奥底迄叩き候処、結局何等纏りたる経綸とては無之、畢竟兼て御予察之通り兎

に角政党を脱して後の行動を便ならしむると云ふに過ぎざる次第に御座候。成程多少党界撹乱之企図なきには無之候得共、男自身も成功を期し居られざる模様に御座候。唯痛心に堪へざるは陸軍の問題に有之、首相は海軍の首相にあらずと云ふ態度を装ふて超然の位置に立ち、陸軍をして直接政友会に交渉せしむる如き誠意なき仕組を為し、陸相は此陥井〔穽〕を覚らずして前便申上候通り、原、松田の気息を伺ふと云ふ有様に有之、若し此儘陸軍の主張を屈すれば、全然陸軍を挙げて政党之渦中に投することゝ相成可申、陸相は表向陸軍の公論に準して職を擲つ如き決意を装ひ居り候得共、到底信用は出来不申、土俵際にて腰砕けと相成ものと存するの外無之、左すれは陛下の陸軍は如何にす可きか昨今の問題は増師にあらずして大権の問題に推移し、陸軍は今将に政党の陸軍たるの俑を作らんとする危機に迫り居り候。然るに山県老公は不関焉の体度を取りて京阪地方に滞在せし他の大将方に如何なる成算あるかを叩けば、何人も手を拱して為す処を知らず、本省及陸軍軍令の主牽処たる参謀本部も亦一人として解決の手段に気附く者も無之、唯々首相の説明を求むると云ふ位いに過ぎず、遺憾の極に御座候。小生は此際苟も軍服を着する者は傍観す可き時に無之、若し陸相が個人の関係より陛下の陸軍を政党に売ると云ふ場合には、寧ろ過般宇佐川閣下に伝言仕候通り、秘密に進言して陸軍を危地より救ふの手段を講する外方法は有之間敷、左すれば陸相の権威を重ふして陸軍の結束を固ふし、而して一面一個旅団を定数外に増加して、明年よりは余儀なく其始末の為めに増師を決行せざるを得ざる破目に陥して、陸軍の目的を達成すると云ふ事実を産み出すことゝ相成可申、之れを行ふには唯陸相の胆力を要す。而して此如き度胸は現陸相に可有之様被存、其点は却て始末致し易きことゝ存候。単純に名を去り実を取るなど定見なき愚説を抱き居る者は有之候得共、是等は畢竟一顧の価ひもなき浅見に過ぎざることゝ存候。右の次第に付き小生は万已を得ざる場合と観察せば、進て渦中に入り局面転回の手段を取る覚悟に御座候。何人か進て危機を脱逸するの方法を講ずる者なければ、陸軍は最早に地に落ち軍紀も結束も軍人の志気も一擲し去り、陛下の大権は根本より破壊せらるゝに至る可く実に憂慮に堪へざる次第に御座候。尚ほ十一月号の平和の礎御一読奉願候。

同裳会改築に要する費用は全部久原、西村（秀吉）両氏より寄附致し呉れ候様に相成候間、毛利家より借用の金は直に返却可仕と存候間、御承知被下度候。久原氏は過日朝鮮に参りし由に候得ば、御地にて御引見の折には可然御言葉被下度奉願上候。前回にも申上候通り小生は昨今益閣下の御帰京に適当せざる時節と相成様被存候間、偏へに御考量被遊度不堪切望候。

其内寒気も日々増す折柄、為邦家御摂養被遊度申も疎に御座候。恐惶謹言

二日　義一

寺内閣下

追て小生不在中在郷軍人会高級理事としての業務は本郷中将に委嘱致し置候間、御承知被成下度奉願候。

〔註〕封筒表「寺内閣下　御親展」、封筒裏「田中少将」。

21　大正（2）年（12）月11日

謹白　御厚意を籠められたる電報敬承仕候。御着京後別段御障りも無之段祝着に奉存候。降て小生儀も

一昨九日当地に着仕、兼而閣下の御配意を体し居り候佐藤博士の診察を受け候処、別段心配を要する程之儀も無之趣に候間、本日夜当地出発仕心組に御座候。滞在中は立花の官舎に宿泊致し居り、昨日は政務総監閣下の御馳走に相成、皆様方の御芳情を辱ふし、愉快に滞京の時を送り候儀、之亦閣下の余慶に浴する次第と深く奉感謝候。今朝奉天より佐藤が迎に参り呉候に付き旁大に仕合仕候。

御電報之次第御尤之儀と奉存候。兎角山口人は多年の順境に浴し居り候為め、心理情体の段錬〔鍛〕を欠ぎ協同の観念に乏しく、嘗て防長人士の美風と称へられたる処謂盤根錯節に会ふて利器を見ると云ふ気風は頓と地を払ひ、遺憾限りなき次第に御座候。畢竟先づ同郷の軍人を鞏き統一的意思の下に指導し、延いて之を他方面の同郷人に及ぼすと云覚悟は此際一入必要之儀と被存候。就中上山の性癖に御座候得共、偏狭は遂に平和を破る様に相成、固より毫も彼の人柄として利害に影響致す程には無之候得共、一人たりとも彼様なる人士のあるは残念に御座候。乍去閣下より此際働き掛けに御手を下し被遊候儀は御避け被成候方可然と存候得共、有地其他の人々より進て閣下に諸情報を呈し、或る場合に御指図を乞ふことも有之候得ば、適当に御取扱置き被成下度、是亦必要なる儀と被存候。

陸軍の事情は如何にも心慨〔外〕千万、閣下の御心底御推察に余りある儀に御座候。乍去時勢の推移を観而余り性急なるは却而奏功の途に有之間敷、其辺は適当に御考量被遊れ而暫く暖気の地方に御旅行被成候は各方面に関する御配慮を消し、第一御健康上是非共御旅行被遊候様御願申上候。別して御序に別府地方の御一覧は御勧め申上候。

陸軍の将軍連日御会談被遊候場合に部内の結束に関する儀は首〔主〕要なる問題に可有之、其際特に大臣閣下より各師団長を臨時に召集して、此人々の意思を統一結束するは最必要なるのみならず、政治上の行き掛り等一通り説明を与らるゝは当然の事と被存候。如何のものに御座候哉。幸に御同意を得ば御便宜の御取斗ひ不堪切望候。

尚ほ閣下に御願仕度は上原男爵の慰愉〔諭〕に御座候。同男は病気に加へて始終煩悶致し居り候。彼人の病原は種々可有之候得共、精神上の打撃が其最たるものに有之、唯々一図〔途〕に閣下に信頼して自ら間を遣ると云ふ状態にして実に同情に堪へざるのみならず、軍人の情義として彼人を沈むるは忍ぶ能はざる次第に御座候。過日閣下御上京の際にも夜分なるを以て御面会の機を失ひ、又京都に参ることも出来ず遺憾なりし旨申来り居り候。若し閣下暖地へ御旅行の途次、彼の寓居を御尋ね被成候得ば、其れ社最上なる精神的慰安なるのみならず、彼人の快気にも自ら多大なる効験あることゝ被存候。兎に角に薩人にして長人より迚同郷の人々より避けらるゝ境遇にある此人には、如何にも厚き同情を寄せざるを得ざる次第なるのみならず、陸軍の為めにも当然なることゝ被存候。

先は御礼旁近状御報導且つ御願之筋不取敢申進候。今後満州経過後更に御機嫌可相伺候。甚だ恐れ入り候得共奥様に宜敷御願申上候。恐惶謹言

十一日　　　　義一

寺内閣下

大正3年

22　大正（3）年2月7日

謹啓　寒気は随分厳敷き様に被存候得共、閣下には益御機嫌克く被為渡候儀と存候所、本日の新聞には尚ほ御引き籠りの様子に相見へ、如何様の御容体に候哉。此際為邦家一入入念に御要慎被遊度奉存候。過日は御懇篤なる御注意を辱ふし御厚情感激に堪へず候。其節不取敢電報御返答申上、又河西博士よりも病状御報申上候通り、最早大抵平癒仕候。アメーバの尚ほ残存するに過ぎず、之れ迚も検鏡の結果余程活力を失ひ候趣きに御座候得ば、体力の恢復に連れて漸次屏息致すべくと存候。右の次第に付き、大概本月末には発程し得ることと存候。其辺は河西博士は同意致し候得共、山口博士は同意不致、目下宇木軍医監と協議中に御座候。要するに軽挙妄動は不仕、充分注意を加へて行動可仕候間、何卒御放念被成下度奉願候。

内地昨今の状態は新聞紙上にて大概観察致し居り候。実に言語道断の不体裁、且つ政治問題以外国の威信を失墜する重大なる事体にして心外千万に被存候。両三年前より最近に至る迄海軍の行動常軌を逸し、傍若無人の振舞を目睹するものは、事件の発生を悲むと共に一面窃かに天は公平なるものと会心納得の情の抑ゆる能はざる仕儀に候得共、国家の不祥事は遂に奈辺に迸逸す可きか。思ひ運せば一昨年来政党策士の画きし筋書が海軍の利我的欲望に駆られ、処謂猟師は山を見ずと云調子に不謹慎なりし結果として、漸次現実せらるゝに至るの観あるは如何にも残念なる次第に御座候。愚意申し述べ甚だ恐れ入り候得共、彼様なる不祥の動機が度重なる追々愚民を煽動し、秩序を紛乱する不逞の徒輩が遂に政治上の勝利者たる勢を助長し、底止する処なくんば遂に恐る可き結果を来す可く、前途憂慮に堪へざる折柄、閣下の近来に於ける不動如山的表現は実に人意を強ふするものあることゝ被存候。彼様なる場合には利我的政治家連の種々なる献策も可有之と存候得共、日々膏肓に入の時勢は小策の能く救済す可きにあらず、公正忠愛なる大精神と確乎不抜の勇気の外料理の資料は無之ことゝ存候。就ては閣下年来の御自任は何時退避するに由なく、否不忠の嫌ひありと云ふ迄切迫の時節到来するやも計られずと被存候。茲に於て出処進退の公明正大なる、処謂る腑仰不愧天地的御行動の光輝を発揚する場合無之とも保し難く、昨春現首相の曖昧にして公正ならざる行動は今日の失態を醸すの原因と被存候間、甚だ憚ある申し条に候得共、万一閣下の行動を表現せらるゝ場合には唯々聖慮の外、政治家、元老其他何物も動かし得ざると云ふ事が実に大切なることゝ存候間、御賢察被成下度奉願候。

上原中将も病気恢復致し、且つ三月中には待命の期限も尽きることゝ被存候得ば、何等かの職務に就るゝことゝ被存候。閣下にも相当御思召も可有之候得共、此人を休職若くは予備に編入する等の考を有する者は陸軍軍人として何人も有之間敷く、寧ろ昨今の状態に照し一般軍人は益此人に信頼するの念慮を深ふすることゝ存候。憚りなく申せば此人を参謀総長たらしめて大に陸軍の気勢を高めたきものと存候。又今日の如き陸軍省に対しては上原の如き人の参謀総長たるは時勢の要求と被存候。乍去今直ちにと申候訳には参り申す間敷候得は、此処暫く東京衛戍総督の如き職に就かしめて健康状態に急激なる変化を与へざる様注意する必要可有之と存候。或は教育総監にと申す人も可有之候得共、之れには別に其人あるべく、寧ろ一戸中将の如き人格の高き人を据ふること是亦時勢の要求と被存候。閣下の御思召は如何に御座候哉、為邦家御心添へ被成下度懇願に堪へず候。海軍の失態は遺憾の極に候得共、今日の場合に於て政治問題以外陸軍軍人としては冷笑的に傍観す可きにあらず、個人の感情を去りて大局の発展を考へること最も肝要と存候。即ち彼等海軍軍人が昨非を覚り各個の行動を悔み居る此機会に於て、陸海両軍の固き協同の観念を注入して真正なる国防統一を謀りたきものに御座候。此事は独り国防統一上の利益のみならず、一国の基礎に動揺を来すことを予防する上に於て、就中此如き時勢に於て特に必要と被存候。何とか適当の御処置は有之間敷候哉。

小生は両三日中より熊岳城に参り暫く滞在仕、其れより満州各地の状況を視察し本月下旬再び大連に帰りて、更に発途仕心得に御座候。

申も疎に候得共、仮令ひ一時の御風邪にても此際重々の御自重、為邦家切望に堪へざる次第に御座候。甚だ恐れ入り候得共、奥様に宜敷く御伝声奉願候。恐惶謹言

二月七日　　　　義一拝

寺内閣下

〔註〕封筒表「寺内大将閣下　秘密　田中陸軍少将」、封筒裏に「二月十三日　正毅」と書き込みあり。

23　大正(3)年6月9日

謹啓　追々炎暑之候と相成候折柄、益御勇健に被為渡候御儀と奉存候。閣下には御大喪相済候後最早御

帰鮮相成候儀と存候。御大喪政変打続き御心労之程奉遠察候。随て小生儀も其後健康益良好に旅行継続罷在候間、乍憚御放念被下度候。旅行中は久振りの欧州諸国の進歩せる情況を視察し、我国情に考へ転た感慨に堪へざるものも多々有之候。就中快感を覚へ候儀はバルガン諸邦を視察して、国民軍隊始め各階級を通して意気興奮の状体に御座候。従て鋭意軍隊の改善に着手致し居り候。中には中欧の軍隊より却て研究の資料となるべき者も有之様相見へ申候。就中ブリガリヤは国運を一挙に賭するの覚悟にて、教育訓練に熱中せる有様は甚だ心持善きことに御座候。又同国王に拝謁の折は熱心に自己の苦衷を訴へらるゝ処同情に堪へざる思を為さしめ申候。小生の旅行中露国を始め独、墺、其他バルガン諸邦、土耳古等頗る懇切なる待遇を受け誠に仕合せ仕候。今日当地を発し瑞西を経て巴里に向ひ七月初旬には米国に渡り八月七日頃には帰朝仕る予定に御座候。過般は海軍不体裁に引き続き政変相次き、種々御苦心の次第推察に余りある次第に御座候。乍去新聞紙上にて観察仕候得は、閣下に累を及さゞりしは国家の為め幸福に奉存候。其れ丈け御配慮御注意の程も容易ならざりしことゝ喜ひ居り申候。遂に大隈伯の当局と相成りしは是亦昨今の情勢に考へて好都合かと被存候。

何れ一両月の後には委曲御伺ひ可仕候。其内時下御自重被遊度為邦家奉祈候。甚だ恐縮に候得共奥様に宜敷く御願申上候。

先は御機嫌伺旁近況御報申上候。恐惶謹言

以国羅馬にて　義一

六月九日

寺内大将閣下

〔註〕封筒表「大日本朝鮮京城　陸軍大将伯爵寺内正毅殿　親剪」、封筒表に「七月一日接　正毅」「Via Siberie Seour Coree (Extreme-Orient)」の書き込みあり。年代は消印による。

24　大正（3）年8月12日

謹啓　閣下益御勇健に被為渡候趣き祝着不過之候。降而小生儀過る六日無恙帰朝仕候間、乍憚御放念被成下度奉願候。健康も全く恢復仕、最早何等掛念之儀も無之由平井も申居る位に相成候間、是亦御安心被下度奉願候。今回之旅行に就き又途中之病状に関し種々厚き御高配を辱ふし深く奉感謝候。在独中度々御令息様に御目に掛り不及なから愚見も申上け、又兼て御話し相成居候結婚之一条も申述候処、万事帰朝の上は閣下之思召通りに服従し結婚之儀も毛頭異存無之由申し述られ候。尚ほ出発之砌りは呉々将来に関する意見も申進し候処、心底より同意せられたる様子に御座候間御安心被遊度申進候。却説昨今に於ける世界的騒乱と可相成傾向ある欧州の変動は兼々予期する処に有之候得共、斯の如き突発は亦意外に被存候。是れ畢竟独帝の過度なる自信に伴ふ胸算の外れたる結果にして、周到を欠ける胸算は亦英、仏内政の不調和之を挑撥したるは疑ひもなき事に御座候。欧州に於ける成り行きは別として、日本に取りては実に千歳一遇の好時機に有之、此際極東に於ける根本問題たる支那関係を解決して国家永遠の基礎を確立せざれば、最早再ひ斯如き機会は来る間敷、寧ろ今後益危殆に陥ることに可相成、此問題解決せば更に世界的に乗り出して各国の平和調停に容喙す可く、是れが為め要すれは米国と協同するも可なるべく、乍去当面先決の問題は支那問題に有之、此先決問題の経過は明石次長より毎次報告せられある由に候得ば、疾く御承知の儀と存候。然るに最近に於ける形勢は又候一昨年の轍の如く英国に愚弄せられ、其本尊は袁世凱又彼れの黒幕中には米国の在ること疑ひなく、今に躊躇未決の情体に有之、或は遂に有耶無耶に終るなきかを疑はしむる次第に御座候。已に一旦抜き掛けたる気勢を示したる以上匕首を袁に加ふるも辞せざる決心なかる可らずとは明石次長にも岡大臣にも申述べ居り候。然るに現政府若し躊躊〔躇〕せば已を得ず之を破壊するの外なしとの気勢は已に政友会中に現はれ来り候得ば、是れは大なる刺激と可相成被存候。兎に角閣下よりも適当なる向きへの御援助は是非共必要なる事と被存候間御考慮被遊度奉願候。小生は平井の勧告に従ひ明後日より三週間計り旅行中の疲労を休め予後の養生の為め修善寺地方へ参る筈に御座候。時節柄甚だ心掛りに候得共、医師友人の勧告も有之且つ直接職務上の関係も無之、暫く体力を養ふ方得策と存候。露国へ観戦武官にと申す人も有之候得共、是れは平井の意見に因り辞退致候。

山県元帥閣下の御意見政府の状況参謀本部の有様等は明石次長より報告しありとの趣きに候得ば、此度は省略仕候。何時如何なる時態〔ママ〕を産み出すかも不計折柄、切に閣下の御自愛為邦家奉願上候。

先は乍延引帰朝の御報且つ御礼旁御左右相伺候。恐惶謹白

八月十二日

甚た恐れ入候得共奥様へ宜敷御願申上候。又御留守宅より帰朝の御祝ひ物頂戴千万難有御礼申上候。

寺内閣下　　義一拝

〔註〕封筒表「寺内大将閣下　願親剪」、封筒裏「田中義一」。封筒表に「八月十八日　夜正毅」と書き込みあり。

25　大正(3)年8月31日

謹啓　炎暑之砌り其後益御機嫌被為在候御儀と奉存候。降て小生儀平井の勧告に従ひ旅行中の疲労恢復の為め当地に罷越静養致居候。乍去最早無然往時の健体に復し候故、遠からぬ内帰京可仕心得に御座候。世界的の波動は益拡大して帝国将来の運命をトせんとする此機会に於て時局圏外に除去せられ悠々消閑罷在候は甚だ心苦敷、空敷脾肉の歎に沈むは本意に無之心慨に堪へず候得共、乍去好て人の疾妬〔嫉〕を招く必要も無之、将来を期して韜晦する、亦已を得ざる儀と観念致居り候。過日大臣の質問も有之候故、敵を軽侮せず準備は十二分に致し、空しく莫大なる犠牲を払ふは避くべきも、併し曠日弥久に亘り大局の好機を逸するの恐れある時は已を得ず大なる強襲をも行ひ得る様に仕組み、且つ根本に亘る支那との関係及満州の処置等に関し委曲書面に認め差出置候て、当地に参り申候。又在郷軍人の志気を激励し、将来軍国の基礎を固むるは此際と存し、其方法として此際恐れ多き儀に候得共、聖上より軍人会へ相当御下賜金等の恩命に接すの光栄を与へらるゝ様周旋方申し送り候得共、如何相成候哉。其後の情況相知れ不申候。尚ほ此際欧州の戦争勝敗の決は独仏間にあらずして独露間に有之様に被存候故、已に独に宣戦したる今日右の場合に露の不利となれば日本は如何に行動す可きかの問題を今より提供し置かるゝ方可然、此事の実現すると否とに論なく（勿論実現を願はず）、軍事当局としては研究覚悟の要ある次第に付、提供は当然必要に有之、左すれば此問題の為めに帝国将来の大政策及諸般の軍事財政問題も解決の端緒を開き得べくとの意味を大臣へ申し送り候得共、是亦如何相成候哉不明に御座候。

過日総理に面会致し種々談合の砌り、直覚的に何となく御老人の頭脳には統一的組織なき様に感せられ甚だ心許なく存し候に付き大臣に相尋候処、大臣も同様に考へ居り迚も此難局を料理するの器にあらずと歎息致し居り候。何とも為邦家心許なき次第に御座候。万事は外務大臣の料理に有之候由、大臣も申居り候。然るに元老方の話しには頗る不人望にて大分不平の声も相聞へ申候。此事も総理も困たものと申され居り候、兎に角此大事の時機に足並が揃はず総理の信用薄きは為邦家歎息の外無之候。

何分共過る十八日来東京を離れ居り候に付万事御報告申上る便宜も無之候。何れ遠からぬ内帰京仕候て種々聞合の上重て御報可申上候。其内時節柄為邦家千万御自重被遊度不堪懇願候。恐惶謹言

八月卅一日　　　　義一拝

寺内閣下

追て甚た恐れ入候得共奥様に宜敷御願申上候。

〔註〕封筒表「寺内大将閣下　内秘願親剪」、封筒裏「田中少将」。封筒表に「九月四日夜　正毅」と書き込みあり。

26　大正(3)年(10)月22日

秋気日に加はり候折柄少々御風邪に被為渡候趣き、昨今の御容体如何様に候哉。痛心罷在候。何卒一日も速に御快気被為成候様奉祈候。降て小生儀其後健康益良好に相成候間、乍憚御放念被成下度御願申上候。

扨数回電報にて御報告申上候通り御恩命の件並に海軍との協同の件も共に好都合に相運び、宮内省側及

大山元帥其他各方面とも大なる満足を以て賛成せられ、海軍の井上、東郷及奥元帥も役員を快諾せられ、福嶋大将の内談も快く承諾せられ候。此儀に付て山県、大山両元帥へも相談賛同を得申候。今回は海軍側も思ひしよりは円満に相運び申候。勅語の草按に多少意見の相違有之候得共、大概閣下の御意図に相違なきことゝ存候。適当に宰料〔裁量〕致し宮内大臣に相渡し候。本日にて此方の諸準備も落ちなく処置に終り〔ママ〕又今後の順序も片附け置候間、明日より五、六日間第四期検閲の為め出張仕候。留守中も大なる不都合は起らぬ積りに御座候間御安心被下度候。何れ書類等の儀は軍人会より閣下へ報告致す様申聞け置候間、御一覧奉願候。今回の事を動機として兼て行き難〔ママ〕み居り候陸海軍倶楽部の方も解決致す運に相成候間、之亦御安心奉願候。今回の事柄には大臣は余り熱心に尽力致す様には不存候得共、何事にも山県公の御努力は感謝の外無之、御序の節閣下より一応の謝辞御送り被下候得ば好都合と存候。

台湾総督の一件に付最初閣下の御返電を賜はり候八月廿五日の大臣より閣下へ電報一条に付て談合致し候処、大臣は大将に進級問題を研究せざる以前なりし故なりと弁解致候得共、其れは一の云ひ訳に過ぎす、兎に角自ら推挙して今更取消すは不都合なりと論議の末、更に閣下の御書面到来の後、参謀総長其他へ相談の上返答可致との事に御座候。佐久間閣下は月末に上京せられて辞表呈出の由に御座候。加藤より何人を総督に推撰する積りなるか、海軍にも希望あり抔と大臣に申し込候由、之れに対し問題は未定と云ふ一点張りにて其場を逃れ、海軍は総督等は一切出さぬ主義ならずやと反問致し候処、其れは以前の海軍にして今日の海軍は然る考にあらず抔と申し候由。之れは恐らく海軍が加藤を介して運動致し居ること明燎〔瞭〕に御座候。左すれは木内一条も或は事実かと被存候。残念なるは其際大臣が何故加藤に反論を試みざりしかと云ふ事に御座候。何れ帰京迄には大臣の考へも定まり可申、其節更に御報告可仕候。閣下の御書面相届候得ば御電命の如く元帥に御相談可仕と存候。増師問題が閣議を通過したるは大臣の努力を認めざる可らずと存候。大隈総理は是れ皆自分が防務会議等にて仕組みたる芝居にして、其筋書は海軍の要求を縮小ならしむる為めにして、始めより増師問題を順境に解決する決心なりしと自慢せられ居り候。山県元帥は原に此問題に関して懇談し、政友会をして反対せしめざる様に取り計ふ御考へに相見へ申候。対支問題は、大隈伯の話しにも、何か将来の目的、即ち膠州湾及鉄道を種に使ふて満蒙問題を解決する希〔企〕図を有すること丈けは明言せられ候得共、其時期方法等は丸で無計画の様に御座候。大臣は陸軍の意見として覚へ書き様のものを加藤に渡し候由に候得共、唯之れ丈けにて何等反応は無之候。大隈総理は閣下に対し大に好感情を持ち居る様に見受けられ候。兎に角昔の改進党時代の大隈と云ふ人に立戻ると云ふ恐れは先づ無之様に被存候。

過日桂公一周年忌の翌日、長嶋隆二の申すには外交問題を以て加藤に迫り、遂に加藤を党より放逐する計画なり、其実行は本月末若くは来月初旬に勃発する考へなり云々との事に御座候。本夜は矢張り同志会の代議士三浦逸平と申す者拙宅に参り、長嶋と略同様の意味を以て已に相談を始めたる由申述候。未だ大石には相談不致候得共大石も多分同意するならん、又今回は加藤が自分等の意見を用ひざれば脱党すると皆申し合せ居る由に御座候。其底意は矢張り加藤征伐に御座候。

政友会は多分増師には反対致す間敷、去り乍ら内閣に迫る問題なきに苦み、国民党は増師に反対する党議なれとも、政友会が反対せざる気勢なるに困り居る模様に御座候。同志会の右等紛紜と政友会の体度とは何れにか気脈の通するものあるやも計られずと存候。要するに時局解決は国家之大事にして党情に拘束せらるべきものにあらずと云ふ、稍覚醒的体度に出しは、大勢に促されたる内部の一革新かと被存候。

以上概略の情況御報道申上候。何れ廿七日頃帰京の上、重て御報告致す場合には尚ほ万事一層明瞭に申上け得ること〻存候。其内為邦家、精々御摂養被遊度奉祈候。恐惶謹言

廿二日夜　　義一

寺内閣下

乍筆末奥様に宜敷御伝声奉願候。

〔註〕封筒表「寺内大将閣下　親展」、封筒裏「田中少将」。封筒表に「十月廿六日接　正毅」と書き込みあり。

27　大正（3）年11月6日

昨今内地は気候不順勝に御座候処、御風邪後の御容体は如何に御座候哉。国事多難の折柄一入御入念被遊度候。降而小生儀も健康益良好と相成、明後日より機動演習に出張致筈に御座候間、乍恐御安心被成下度奉願上候。

在郷軍人会の方も各方面共至極円満好都合に相運び、其都度軍人会より御報告申上候通りに御座候間、御安心被下度候。副会長交迭の件も、来る九日総裁殿下の御殿にて殿下の御言葉に因り実行致す筈に御座候。亀岡の交迭は役員増加（海軍より）、分業の変更等諸種の都合も有之候間、今暫く延引致す心得

に御座候。尚ほ評議員改撰等の事も有之候得共、何れ大演習後直接御意見拝聴の上にて取計ひ可申と存候。海軍の方も何等猜疑等の模様も無之、至極円満の様に被存候。御下賜金保管は仮りに理事会を開いて中央部にて纏めて利殖致し、尚ほ従来陸軍省にて管理致し居り候軍人会の基金も本部に於て保管することゝ決し、其管理法は目下研究中に有之候間、其内御報告申上る運びに可相成と被存候。去月二十九日頃岡陸相肺炎症に罹り爾来一切会談する能はざる仕義に御座候。乍去漸次快気に趣〔ママ〕き候得ば余り遠らぬ内面談致し得ることゝ存候。就ては台湾総督一条も、過般小生旅行前可成安東中将閣下をと申し込みて、尚ほ上原中将の方より海軍側の情況探索の結果、伊集院、出羽の両大将は海相より内談ありたるも、陸軍に属する諸機関のみ存する処にて就任は不安なりとの理由にて、皆々辞退せられたる由に付、自ら知るの明ある人々なりと賛辞を呈し置き、更に陸相に後任決定を急き置き候儘、陸相の病気と相成申候。然るに一昨日長谷川閣下より承はり候得ば、陸相は大谷中将を候補者に決定し首相に申し込みたる由に御座候。之れは陸相臥床直前の事と被存候。此事に就ては再度元帥に御相談申上御助力を乞ひ候得共、陸相は到底度し難き人物なりとて余り踏み込て解決せらるゝ模様無之、遂に其儘にして本日京都に出発致され候。

本日不取敢電報仕候通り昨日英仏側より約十五ヶ師団位いの兵力増援を申し込、尚ほ外相が元帥に実見せしめし英外相の電報には、右の外来春早々英国艦隊はバルチツク海にて独の艦隊と決戦を致す可く、其節には東洋海面の安全を日本に依頼するのみならず、尚ほ一部を英艦隊に増援せられたき希望をも附記せし由に御座候。大隈首相は例の無造作にて同意したき希望ある由に候得共、参謀本部は固より元帥も大に不同意を唱へられ、是れは拒絶すること〻可相成候。尤とも元帥は万一露国が不利にして「モスコウ」が危険なりと云ふ如き場合には更に異りたる意見ありと申し述べられたる由に御座候。小生は土耳古の関係より近き内に印度の保護を依頼し来ること〻なきかと存し候。要するに英国が次第に困窮状体[ママ]に切り来ると共に、帝国の支那に対する処置は一日も早きを要すること〻被存候。然るに最近二度も外相と元帥と会見せられたる模様より、到底何事も抱負なく意思なきは明燎[瞭]に御座候。左すれは如何に現内閣に鞭撻を加ふるも効能あるか否は実に大なる疑問と被存候。寧ろ国家の浮沈には替へ難しと云ふ観念は各方面、各政党共異口同音に御座候。要するに現下の情勢に刺激せられ、従来の感情党情を一掃して、信頼す可き内閣の下に挙国一致して局面の解決に努力するの要ありとの大勢は、最早熟し来りたること〻確に見極め申候。増師問題に関し新聞其他にて種々風説、論議も有之候得共、過る三日元帥邸にて原と懇談せられたる結果、政友会の方面は大低[抵]懸念なく、同志会等にても内閣破壊の材料に供せんとするに過ぎずして、之れが政変を促す原因とは相成間敷、此段は確に御安心被成候て可然儀と奉存候。国民党も大勢政友会と同一歩調に出す可きは多分疑ひなきこと〻信す可き筋有之候。昨今各方面、各政党共に国家の危急を救ふの途は現内閣を破壊するの外方法なしと云ふ事に一致しつ〻ありと申す外無之候。然らば其方法手段は如何す可きと云ふ問題に至りては、同志会自ら爆破するの外策なしと云ふに帰するもの〻如に御座候。此意味に於て同志会内の不調和は日一日と高まり行くと云ふ次第に御座候。乍去其奏効は予測の限りに無之候。又大隈首相は不相替楽観の極に有之、是れは何事も加藤が首相に知らしめざる為めに無心に大言壮語せらる〻様に被存、至極気の毒千万と申す外無之候。同志会の紛擾は後藤男が関係せられあらざるかと云ふ疑ひ有之候得共、是れは不明に御座候。亦確むる必要もなきことゝ存候。

右は乍乱筆近況御報告申上候。小生は来る十九日頃には帰京可致と存候。閣下には大坂迄御出被成候得ば情況支障なき限り御上京相成候ては如何に御座候哉、万一其時の模様にて御上京不適当なる場合には小生下坂仕候ても不苦と存候。唯今の処廿二日には是非共公務上東京を離れ難き事件有之候間、前以御含み置き奉願候。兎に角廿日頃迄には情況の変化も可有之と存候間、其節更に御左右相伺可申と存候。其内千万御自重為邦家奉祈候。乍筆末奥様に宜敷御願申上候。恐惶謹言

十一月六日　　　義一拝

寺内閣下

追て長岡中将の処置に就ては陸相病気の為め会談の便宜無之、就ては御送附の書状は一応長谷川閣下の処に差送り候て、同大将の御意見を御尋ね可申と存し、同閣下にも談合仕候。左すれば自然大嶋義昌閣下も御相談相成ことゝ被存候。其上にて重て御報可申上候。

〔註〕封筒表「寺内大将閣下　願親剪」、封筒裏「田中義一」。

28　大正(3)年(12)月22日

謹啓　追々極寒之気候に相成候処、承はり候得ば益御清栄に被為渡候段恐悦至極に奉存候。降而小生儀も至て健康に勤務罷在候間乍憚御放念被成下度候。

扨政治上の情況に就ては屡電報を以て御報告申上候通りにて大略御了解相成候事と存候。小生は目下の情勢に考へ、第一に政治上の禍根たる増師問題を一掃するを最大の急務と存し、先づ此目的を遂けたる上、為し得れは解散を断行して政友会の勢力を減殺せんと心掛け、内閣の存否は毛頭度外に置き、応分の努力を仕候得共、各所の重を置く程度を異にし又自己存立の立場を考へる等の事情より、一貫の歩調に出つる能はずして、遂に何事も有耶無耶に帰せしめたるは遺憾に存候。乍去政友会をして遂に積極的に条件附賛成の立場に立しめ、明年よりの実行は自党の責任たらしめ、又二師団の増設に止らずより以上の兵力充実を公言せしめ得れば殆んど解決に近き成功と自ら慰め居り候。要するに彼等の卑陋なる心底を逆に利用すれば解決容易なる次第なるも、内閣と両立せざる彼等の立場は亦其解決に困難を生じ、加ふるに岡が自己の事のみを考へ、且つ疑惑心深き為め、遂に殆んど同志会中の人の如くなりし為め、陸軍自ら解決の途を塞ぎたる観之れあり候。最初小生の忠告に従ひ居り候得共閣下の電報にて国防は一省限りの問題なりと曲解して、陸軍の問題は即ち目下国家の最大問題なる大局に着眼せず専心加藤の傘下中の人たるに至りたるは遺憾の極に御座候。昨今政友会は積極的意味の条件附賛成を以て陸軍の同情を願ひ居り候に付き、彼をして一旦動す可らざる宣言書を発せしめて自縄自縛の位置に立たしめ、而して一方解散を断行して彼の勢力を殺かんと苦心最中に御座候。多分是れ位いは目的を達し得るならんと存候。尤とも以上の行動は総て山県元帥と打ち合せ、其間一点の齟齬無之様に注意致し居り候間、御安心被下度候。何分各方面の陸軍当局者が世間の事情に暗く、且つ思慮単純なる為めに会得し得ざるのみならず、却て疑惑を以て迎ふるの恐れある為め、心痛のみ多くして事の進捗を碍するは遺憾の極に御座候。乍去今回にて政友会は最早当分は陸軍に盾を衝くことは出来申す間敷と被存候。

軍人会の方は其都度御報告申上候通り万事好都合に相運び居り候。過日評議会の折を利用し、閣下の代理と云ふ名義を以て評議員中の高級者土屋大将を主人として本部の役員全部を会し、慰労旁忘年の意味を加へて粗末なる晩餐を供し置候。御序の節評議員会の時の心労に対する礼として閣下より土屋大将に一筆御送り被下候得ば好都合に御座候。又福嶋大将は目下副会長として山陰道の方面を旅行（騎馬）中に有之、軍人会の為めには尽力多大なるものと被存候間、是又一筆御送り被下候得ば大に喜ぶならんと存候。

過日同裳会員大学校再審試験に上京致し候に付き、閣下毎度同裳会員全部を御招き被成候事恒例の様に相成居候に付、小生閣下の代理として五十名計り偕行社に招待して粗末なる晩食を供し置き候。是れは京都にて頂戴致候金員有之候に付き御配慮は絶対御無用に御座候。

武学生養成所の事業は本年鹿児島に凌駕せられたること遺憾に堪へず。因て過日石田海軍少将をして全県下を巡廻せしめ、又古谷とも相談せしめし処、中学校生徒への貸費は其効果なきものと認められ候。是れは閣下より屡貸費を止める様との御言葉有之候得共、今日迄躊躇致し居りたる儀に有之、因て今回貸費概則を改正して之を止め、専ら志願者の補修教育に力を尽す方効能あるべきを認め候に付き、右改正に着手致居り候。出来の上は御送り可申上候間御覧の後御承認を賜はり度候。之れが為め経費の増加は免れず、因て過日西村秀造と談合の結果、藤田一家より三万円寄附の約束有之に付き一万五千円は寄附済となし、残余は明年寄附する筈に相成候。乍去残余の一万五千円の利子七百五十円は本年より支出するのみならず、之を倍額として一千五百円を出すべく、且つ明年よりは毎年一千円宛寄附す可しと約束致し候。左すれば三万円の寄附にて基金は十五万円に達し候故、其利子七千五百円となり、本年は余分に七百五十円入る筈なれば八千二百五十円となり、此上に明年より一千円宛加ふるとすれば八千五百円以上と可相成筈に御座候。此金額を目度〔ママ〕として事業の拡張を計れば多少効果を奏することゝ被存候間、右様御含み置き被下度候。藤田一家は仲々好意に助力致し呉れ候。

奥様にも過日御目に掛り候処別段御異状は無之様に被存候。御令息へは品行を戒め置候処、自分も大に自覚致し居らるゝ模様に御座候間御安心被遊度候。

右は要件のみ申進候。乱筆悪文尊厳を冒す段御海容賜はり度候。

其内御自愛被遊度、為邦家不堪切望候。恐惶謹言

廿二日　義一

寺内閣下

〔註〕封筒表「寺内閣下　願親剪」、封筒裏「田中義一」。

29　大正(3)年(12)月29日

年内も最早余日無之候処、益御安泰之段奉賀候。降て小生儀も依旧健全に勤務罷在候間、乍憚御放念被下度候。

当暮は涼暗〔諒闇〕中の事迚各所至て寂寥を感する仕義に御座候。

政治上の変化も先つ大抵此位いの見当が予期の結果かと被存、一面政友会に打撃を与へて彼の勢力を減殺し、一面国防には条件附賛成の位置に立たしめ、彼の将来に於ける活路を求める希望と相待て反感を起さしめざる様、即ち陸軍との関係を不即不离の間に立たしめるたる[ママ]事に御座候。陸軍大臣の立場としては屢々注意も致し、且つ両度共閣下の電報を示して意思を堅確ならしめ、彼亦之に由て自ら覚悟せし処も有之様に被存候。唯遺憾なるは陸軍大臣たる立場を堅ふせずして恰も同志会中の大臣たるが如き感あり。一意専心政友会征伐に任したるが如き気味ある事に御座候。明石等は岡は最早同志会中の人なりと申し居る様に特色を附けられたるは残念に御座候。之れが反応として政友会の者は岡に対して大なる反感を起さしめたる次第に御座候。少しく大局を観て将来の趨勢を考ふれば、適当に政友会にも対応し堅く増師問題を擁して最初は中立の位置に立ち、結局閣員と行動を共にすると云ふ事は容易に出来得る様に被存候。為めに何となく人から先輩と离背して大隈、加藤と堅く結託するにあらざるかと疑はるゝ如き観有之、甚だ面白からず被存候に付き、直接間接に戒告致し居る次第に御座候。乍去屢々すれば疎せらると云次第にて、益彼をして神経過敏ならしめ、猜疑心を増長するの恐れも有之、困却千万に御座候。過日直接閣下に御注意の謝意を表し、又自分の考へをも述べて書面を差出す様勧告致し置候得ば、多分近日御落手相被成候事と存候。兎に角総撰挙の結果政友会が絶対過半数を失ふて百五、六十名と相成とも、国民党と連合すれば又候大勢力と相成、之れは如何にも避けしめたきものに御座候。昨今政友会の者等は仮令ひ臨時議会に増師案を提出せらるゝも岡陸相の在る間は必ず反対すると申し居り候。之れは誠に困り入たる事に御座候。即ち彼等は陸相は初めより首相及同志会の者等と国防問題を餌として自ら政略の具となし、政友会が増師問題を避けんとすれば余儀なく此問題に逢着せざるを得ざる如く仕向けたるものにして、陸相自ら之を政略に利用したる形跡ある様に、我々も到底臨時議会に於て勢ひ協賛するを得ず云々と申すは、畢竟党人根情〔性〕より出たる彼等の辞癖に御座候得共、陸相が今少し山県元帥の意中を察し、自分の考へも述べて、余り疑念に掩はれざりせば、此様なる事には立ち至らず、少くも本年の内には好都合に解決し得るならんと被存候。岡は増師問題が解決すれば自ら退くと考へ居る様に候得共、其解決が一入困難にはあらざるかと被存候。乍去陸相をして如此難境に立たしめたるは大嶋の補佐適当ならず、寧ろ誠意を欠ぎたる結果にあらざるかと考へらるゝ節も有之候。之れは岡も多少気附き居る模様に御座候。是等は別の問題に候得共、増師問題の難関と共に独り政務の進捗を害するのみならず、近来軍隊内部に一種の悪影響を生し、漸次少壮士官の精神的方面に恢復し難き汚点の弥漫するに至らざるかと憂慮に堪へず候。青年将校間に或る秘密結社的のものも有之候やに承はりしことも御座候得ばと、何とか此問題は早々解決致し度きものに御座候。尚ほ今後総撰挙の結果政府の与党多数なれば結構なるも、若し反対党多数なる場合に立憲的態度と称して総辞職をなすにあらざるか、武富、尾崎等は已に右の場合には多数党に引き渡すべしと公言し居る次第に候得ば、仲々危嶮〔険〕千万と存候。総撰挙の結果は兎も角飽く迄臨時議会に臨むと云ふ事に相成候得ば、都合も宜敷かるべく候得共、単純に総撰挙の結果に因り進退を定むると云ふ事に立ち至らざるか、是れ憂慮す可き事に御座候。本年は御大礼の挙行を控へ居り候に付き、新議員は比較的財産を有する者多かるべく、従て存外無所属の者増加する様にも考へられ候。左すれば已を得ざれば再度の解散をも辞せずと云ふ決心を示せば大抵は無事に治る可きかとも思はれ候。又臨時議会の無事を冀ふ一点より増師問題を臨時議会に提出することを政府に於て避くるやも計られず、是亦一の問題に御座候。而して増師問題の提出と否とは別問題として、右の如くなれば政党政治の端緒を開くこと丈けは避け得らるゝことゝ被存候。政党者流は此機会に於て政党内閣の例を作らんとする下心にあらざるか、之を予防するの考へは今より研究致し置く必要可有之と存候。要するに最安全なる法方(ママ)としては此際解散と云ふことと全く関係なく、何かの故障の為めに自働的に内閣自ら総辞職すると云ふことが適当とも被考候。御賢慮如何に御座候哉。

今回政友会が原を余儀なくせしめて増師に反対せざるを得ざるに至らしめ、又政友会の撰挙に際する準備の為めに要する金員は薩州人の手に於て調達し、若くは着手すると申す事に御座候。中には山本大将が出金仲間に加はり居るとか申居り候得共、之れは如何かと被存候。

同裳会の規則は経理上の手続き其他責任を広くして後進誘掖の義務を自覚せしむるは将来の為め必要と被存候に付き、改正案を作り候間、御閲覧被下候て御承認を賜はり度奉願候。従来は兎角杜撰と云へば語弊有之候得共、余り通用の範囲広きに失し且つ規則的ならざる為め互に譲り合ひ多く、之れが為め小生の留守中大分紛紜も有之しやに聞き及候故改正致したる訳に御座候。

養成所の資金は本年末にて十五万円迄に増加致し候。併し是れては尚ほ発展の資金としては不足を感し候に付き、更に何とか工夫を致す考に御座候。本年の新兵は妙に各隊共教育程度の低きは不思議なる現象に御座候。其代り体格は例年に比して大分丈夫なる様に御座候。

奥様にも過日御目に掛り候処別段御心配被遊候程には無之、平井も右様申居り候間、御安心被遊度候。

先は年末にも相成候間、要件の概略申進候。其為邦家御自愛専一に存候。明年二月頃には是非一度御帰京相成候て万端の実情に御接し相成候方必要の様に被存候間、御考慮被下度奉願候。恐惶謹言

廿九日　義一

寺内閣下

追て、在郷軍人会は此際進て勅令を以て大綱を定む（赤十字社条例様のもの）る様に致しては如何と存、御考量奉願候。

〔註〕封筒表「寺内大将閣下　親展」、封筒裏「田中義一」。封筒表に「要保存　十二月廿□□　正毅」と書き込みあり。

30　大正〔4〕年〔1〕月9日

謹復　御芳書之次第敬承仕候。先以益御清穆に被為渡候段恐悦不過之候。降而小生儀も益健勝に勤務罷在候間、乍憚御放念被成下度奉願上候。昨日不取敢電報を以而申上候通り、伏見様、長谷川、河村両閣下、今日元帥之称号を賜はる事と相成先以て慶賀之至りに御座候。不日安東閣下の御退隠と共に中村中将の御昇進可有之、安東閣下の代りに井口中将之予定に御座候由、亦不日台湾総督も大谷中将と決定の見込に御坐候趣。来二月中旬には山根中将閣下の後備編入と共に上原中将の昇進と相成、同時に大迫、一戸の両中将は其儘軍事参議官に転せらるゝ予定と聞き及候。五人の師団長補欠は未だ確定には無之候得共、由比、南部の両中将、安藤、大庭少将昇進し、小原中将要塞司令官より転補せらるゝと申す事に御座候。又中将に昇進する者は停年名簿にて栗田直八郎迄の予定なる趣き伝聞致し候。大庭を態々戦地より呼ひ返さずとも其儘進級せしめ置けば尚ほ一名は進級せしめ得らる可く、且つ南部憲兵司令官の師団長は大分議論も有之由に御座候。併し陸相は何故か極めて消極的に主張せらると申す事に御座候。以上は未発の人事に有之候得共、伝聞致し候儘御内聞に達し置候間、右様御含み被下度候。

政界の事情に付ては政府は与党多数を占ると予想し、政友会は絶対多数は得難きも政府党より無論多数たるべくと高を括り居る次第に御座候。旧臘如何なる間違た考へなるか、陸相は本省の局長以上と共に日本服にて同志会、中正会並に政友会の脱党組を西洋軒〔ママ〕に招待し、今日迄未嘗て無き陸相が増師賛成党就中脱党組をも招待するが如き、恰も政党大臣的悪例を開き候為め、陸相に対する政友会の悪感益激甚を加へ来り候。政府党多数なれば臨時議会に於て成功す可きも、政友会多数なれば岡陸相の在職中は決して増師に賛成せずと政友会の連中は皆憤慨致し居り候。陸相としては実に取り返しの付かぬ失策に御座候。是れでは陸相は同志会大臣と云はるゝも無理からぬ事、如何にも残念に御座候。閣下の思召の如く尚ほ今一回解散と云ふことは到底望みなきことゝ存候。要するに政府党少数なれば政党内閣的の悪例を開くは必至の勢と観るの外無之、嘗て陸相に今一回の解散必要なる旨を語りし事有之候得共、其れは全く望みなしと申され居り候。元帥は今度陸相の処置には非常に不満足を表され居り候。速に退職するが当然なりと云ふが如き口気を洩されたる事も有之候。小生も固より遺憾千万に存候得共、大嶋が誠意を以て岡を輔佐せざる罪も免れずと相考へ申候。兎に角陸相としては首相をして今一回の解散を断行せしむるの見込なき限りは、今日に於て職を去るが最上の分別かと存候。併し陸相は全く左様なる気振りなきのみならず稍得意の色ある由に御座候。小生は元帥及閣下の御意見を仲介し、又屡々苦言を呈する為め頗る覚へ目出度からず嫌悪の口吻も有之趣に候得ば、近来は頓と意見も云はず面会も致さず候。而して陸相は却て小生が政事運動を為すとの口実を以て批難を加へらるゝと申す事に御座候。小生は御礼の言葉を受くるとも悪声を放たるゝは遺憾に御座候、屡すれば疎せらるゝ次第と存候。近来首相には面会致さず候得共、近日訪問致す心得に御座候間、其節大体の意向一応聞き取り可申と存候。昨年末原総裁が元帥を訪問致候。是れは解散迄の始末を申し述べ、且つ将来の活路を求めたる仕義〔儀〕に御座候。其節も陸相に対し憤怨の言葉を発したる趣きに御座候。陸相は上原とも益疎隔の模様に御座候は従来の行き掛りに於ても遺憾の事と存候。要するに疑心深き結果、元帥及閣下並に上原中将、小生等とは漸次疎隔になると共に、益首相、加藤の方面に深入りするの観あるは残念に御座候。其故陸相が意見を聞くは長谷川閣下位いに止まる事と被存候。是れにては陸軍の為め遺憾少からずと存候。甚だ失礼なる申分に候得共、長谷川閣下は御承知の通り思慮単純にして御意見の屡変化する御方に候得ば、処銓〔所詮〕多を期待する訳には不参、此辺は元帥も大に困られ居り候。

御示教の通り陸軍の欠陥は最早其儘打ち棄置く可らざる時期と相成、此際増師問題は別として革進〔ママ〕改良の方法を講求するは実に急務と存候。小生も旅行前後種々の研究を重ね腹案も有之、上原中将とも此件に付き毎度談合致し居る次第に御座候得共、門外者として施すに途なく常々歎声を発し居るのみに御座候。何れ遠からぬ内記述に着手致す考に御座候。又盲者開眼の為めに近来欧州戦争の教訓と云ふ題目の下に読み易き書物を書く考へにて、昨年十二月初より着手致し、最早大抵結了致し候間、他日御覧に供し得ること〻存候。是れが出来すれば恐らく御希望に副ひ得ること〻存候間御安心被下度候。

御令息様の件委細承知仕候。折々御注意可申上と存候。

其内寒気も厳敷き折柄為邦家御自重専一に存候。何卒山県総監帰鮮の上は速かに御上京相成候て一般国政の為め亦陸軍の為め御尽力被成下度不堪懇願候。

先は御返信迄如斯候。乱筆不文御海容賜り度奉願上候。如之分に過きたる申し条も有之御容赦奉願候。

恐惶謹言

九日夜　義一拝

寺内閣下

追而、多分閣下の方へも参り候事と存候が、陸相より陸軍首脳の方々に昨年は増師問題不結果なるも、臨時議会には多分成功すると云ふ意味の書面を配布せられ候が、元帥は如何にして彼様なる間違ひたる見当が附くかと冷笑せられ候由。近来兎角常軌を脱すること多く困り入たる事に御座候。

〔註〕封筒表「寺内閣下　乞御内披」、封筒裏「田中義一」。

31 大正(4)年(1)月(11)日

山県元帥閣下の意見

(之れは小生が仲介者たることを謝絶せし故、秘書官に此書面と同様のものを携帯せしめ、陸相に談判せられたり)

中将の官を以て大将相当の職務の位地に立ち、数年職責を尽し現に勤続しある中将を以て現役大将となさすして、之を満期に至り予備に編入し名誉進級の大将となすは、名誉進級の主旨に背反するもの也。何となれは名誉進級と申す事は大将の地位に昇進し、其職務を奉し其職責を全たからしむ器量才能を具備するものならざる可らず。而して其職務に任す可き地位なきとき、亦は功績あるも病気或は不得止事情惹起したる等は其事由を審議したる上にて上奏親裁を仰へきもの也。故に其人格機能大将の地位に進む能はさる者は断然中将を以て職責を終るを至当とす。此頃宮中席次の御諮詢案に対しても大将名誉進級者を現役と区別するの論起れり。実に陸軍武官の名誉進級の骨子を破壊せられ、武官の面目に大なる汚瀆を受けんとす。是全く平素銓衡の杜撰並に情実的の銓議に基くと云はさる可らず。

先日老生は老兄に向ひ此議論の概要を論したれとも、老兄には確と答無之、陸相の職権を以て御断行可相成歟と推測し、此に再ひ関聯の事情と併て一片の忠告を開陳し回答を待つ。猶枢密院の議は孰に決す可きかは予測しかたし。就ては秘書官を差出し細縷関聯の事情を開申せしむ。

右の結果陸相は長谷川、上原両閣下と協議の上、小田原に至りて安東閣下の事を決定し、山根閣下の方は未決に引き取り、後大山、奥両閣下並に殿下の御同意を得て書面に記載の通り内定せしものと思はる。

〔註〕封筒表「寺内閣下　前書面中に封入す可きもの」、封筒裏「田中少将」。

32　大正(4)年(1)月20日

謹啓　爾後閣下益御壮栄に被為渡候段大慶至極に奉存候。降て小生儀も碌々消光罷在候間、乍恐御放念被成下度奉願候。
既に御承知の儀と存候得共、過般来、安東、山根両中将の件に付き陸相に対し元帥より種々交渉有之、小生は其中〔ママ〕介者たることを謝絶致候得共、元帥より別紙写の通りの主旨を以て陸相に迫られ、陸相は遂に大山、奥両元帥、伏見宮殿下の御意見を聞き、安東中将は現役にて大将に進級せらるゝ形式を以て待命となり、山根中将は名誉進級も不被為、中将の儘転役せらるゝ由に御坐候。尤とも過日来元帥の委嘱に因り其結果を陸相より聞取る筈に候得共、未だ面会の機会を得不申、右の決定は人事局長より内聞せしものに御座候間、右様御含み置被下度候。上原中将は過る十八日出発、青島、南満地方に旅行せられ候間、帰途京城にて御会合のこと〻被存候間、其節人事の件は御聞取り被遊度候。元帥の主張も道理あること〻被存候。昨年末以来元帥は何事に因らず陸相の施設行為に反対せらる〻は大に意味あること〻被存候。今後の情況を政治上より判断するも、又外交就中対支問題の成行より考ふるも、岡が現職に在るは不利益なるのみならず寧ろ国務の進行に障碍ありと認められ居る模様に被存候。乍去岡自身は頓と気附き不申、何故彼様に不明遅覚に陥りたるかと考ふる位いに候得共、何人も注意する者も無之、参謀総長は岡が自分の進退に付き意見を聞きたる際、大に辞意を発したる事に付き不同意を唱へられたる由に御座候。是れは例の通り事情何事も不案内に候得ば、単調に考へられ居る結果と存候。小生は荏苒不明不覚之体度を永続するときは岡の将来は遂に恢復の途なきに至らんかと友情上歎息致居る次第に御座候。

対支問題は日置の提案に対し、袁は尚ほ当局に下して研究せしめ、追て返答す可しと例の通り曠日弥久の態度を取り、坂西よりの報告に、袁は自分は是迄日本と親善の関係を保ち日本皇帝も之を諒とせらる〻筈なり、然るに支那の独立的体面を傷けらる〻様の提案有之ては遂に自分の立場を失ひ、支那は亦収集〔拾〕す可らざる結果とならんと申候由に御座候。折柄独逸公使の入京は益提案の解決を紛糾せしむるの恐れあること〻存候。公使は支那をして露国に対し反抗的態度に出しめ、以て背後より脅威する手段を取るべしと傲語致し居る趣に御座候。此際必要なるは予め帝国の結局の場合に於ける決心を定め、此堅き意思の上に立て必要なる場合には威力を応用するの覚悟と準備が肝要と被存候。其方面は満州地方に可有之、其処置を取る仕義に立ち至るとすれば、軍部の外務に対する権威昨今の通りにては恐らく其望も有之間敷、残念千万に存候。加之ず近き内に師団長会議も可有之、其際充分中央部の権威を示して軍隊の結束を固ふするは、亦将来を憂ふる上に於て必要なる儀と奉存候。台湾総督の問題は、矢張り今以て決定も不仕、就中内務大臣交迭後彼是新大臣に於て決定を躊躇する由に御座候為め、今に遷延未決と云ふ有様なりと人事局長の内談に御座候。以上に申述べし人事の外、過日御電命の次第も有之、全く関係は不致候間、自然確実なる御報道も致し兼る儀に候得ば、万事は上原中将より御聞取り被下度候。

政治上の模様は其後大なる変化は無之、同志会は矢張内部に不統一の流れありて総撰挙後は自然分裂するに至るべきかと観測せられ候。又内閣側は極めて楽観致し居り候（三十名位いは政府党優勢云々）得共、大方の観測は年来の地盤も有之、矢張り政友会が百六十名と七十名の間ならんと云ふ事に御座候。要するに是等は小生抔の考へ得る処には無之候得共、内閣は総撰挙の結果に因り直に進退を決すると云ふことは無之、其結果如何に関せず臨時議会には臨むと云ふ事十中八九相違有之間敷と被存候。之れに反対するものは尾崎一人と云ふことに御座候。臨時議会に増師を提出するは疑ひなかるべく、岡は総長に大丈夫、首相は再度解散の決意を有すと申居り候由。之れは恐らく信頼は出来不申、恐らく四面の状勢之を許す間敷、此際万難を冒して頓着なく之を決行し得るや否頗る覚束なきことゝ存候。唯内閣が今回の撰挙には中立議員多かる可く、彼等を威嚇して議会に多数を制するは困難ならずと云ふことが唯一の頼みに御座候。

同裳会の予算は新たに編制中に御座候。養成所の預算は過日提出致し候通り御承認被下度。乍去事業の発展には不充分に有之候間、更に毎年確実に千円の収入を得る様に工夫致し居り候間、其方が決定次第更に追加予算として御承認を得べくと考へ居り候。要するに確実なる収入を一万円位に上せ予算を九千円位いに致し度き存念に御座候。

軍人会の方は段々好況に進み来り候間御安心被下度候。過日御書面中にも思召有之候に付き、昨年来小生所々にて講話致し候筆記を集録して一冊に取り纏め、両三日中には原稿出来可致と被存候間、御送附可申に付、何卒御電覧を賜はり、且つ御批評、御注意を願度、要すれば印刷致候ても不苦と存候条御教示を賜はり度奉願上候。

右は近状御報道申上候。言辞分を越へ且つ乱筆不文敬意を欠ぐ〔ママ〕段御海容被下度奉願上候。

本年寒気も一入と承はり候折柄節角御大切に被遊度、為邦家奉祈候。恐惶謹言

廿日　　　　　　　　　　　　義一拝

寺内閣下

〔註〕封筒表「寺内閣下　願親剪」、封筒裏「田中義一」。

33　大正（4）年（1）月24日

謹啓　近来寒気特に厳敷き折柄、閣下益御壮栄に被為渡候儀と奉存候。御留守宅にも荊妻過日御伺致候処、別に御変りも無之模様に御座候間、御安心被遊度候。

過日申上候閣下御思召の盲者の開眼的記述出来仕候に付き、原稿一部本日郵送仕候間何卒御電覧を賜はり度奉願上候。是れは欧州戦争の教訓とでも表題を附すべきかと存居り候。又之を印刷し候て可然か否

も未定問題に御座候間、御指図相願度候。兎に角此機会に於て大抵の事柄は披瀝して人心を刺激せざれば、膏肓に入りたる病は仲々治療六ヶ敷き事と存候故、少し思ひ切て記述せしものに御座候。御閲覧の上誤謬不備若くは不穏当之点有之候得ば、其意味単簡に御記注を賜はり御返戻被下候得は無之の幸甚に御座候。又成る可く簡単にと心掛け候得共、余り簡に過ぎ候ては読む者も気を止めず、且つ節角の事に意を尽さゞる処も有之、為めに大分紙数も増加する様に相成候間、御電覧には御面倒かとも存候。乍去御閑隙之節是非一応の御親覧を賜はり度奉願上候。是れは第一巻にして、閣下の御賛同を得れば戦況の概略を述べて第二巻を作るべきかとも心得居り候。

従来御高配を垂れさせられ候岡田治衛武も、事業の進展に種々の障碍起り、殆んど最後の落城に近きたる模様に御坐候。乍去早川千吉郎が努力を与ふれば救済の途無之訳には無御坐候得共、何分其俗に申す当らず障らずと云状況にて、成否共決然たる言動を採らず、為めに岡田は浮沈の間に彷徨致し居る次第に御座候。小生も従来の行掛り上因縁を断る能はざる仕儀に立ち至極迷惑致申居り候間、近日早川に成否共決定的態度を突き止める心得に御座候。岡田は此際是非共閣下より今一応の御口添を願ひ度き旨懇請致し居り候得共、小生は其事は閣下に申進す可きも閣下が果して御承諾を賜はり候哉否は保証せずと答へ置候。若し閣下の御思召にて口添へ位いは与へても支障なきものと御考へ被成候得は、早川宛直接に御電報被下度、左すれば小生が早川に談示仕る上に好都合と存居り候。要するに岡田は最早落城するの外手段有之間敷様に被存候。随分気の毒なる次第今更ら同情に堪ず候。

本日大隈首相を訪問致し候処、政友会が自分の思ふ壺に鉗まり解散の口実を与へたることに付き全く予定の計画を実施し得たるを喜び大に得意に御座候。又撰挙の結果は誇張、楽観に過ぎたる推断に酔ひ居らるゝ模様に御座候。唯撰挙費用の出処に苦み、目下各所に金策中云々と極めて露骨の談話も有之候。五月の臨時撰挙に又候政友会反対せば再度の解散を決行するの決心を有せらるゝや否、此決心ありて始めて難関を切り抜け得らるゝ見込相立可申、御心底如何と突き止め候処、其時の決心は未だ決定し居らず、情況に応して処置する考へなり、恐らく左様の苦心を為さずとも切り抜け得らるゝ積りなりとのみ申され候。就ては真面目なる且つ無遠慮露骨なる談話中の様子にては恐らく再度の断行は遂行し得られざるものと判断致され候。陸相並に江木等は断行すると申し居り候得共、信頼は覚束なきことゝ被存候。扨仮りに政友会が反対して中立議員籠絡の為め辛ふして国防問題を通過し得たりとするも、政友会をして何処迄も反対せざるを得ざる状勢に立ち至らしめ、国民党と益接近せ〔し〕むるは是亦大なる厄介の儀と存候。要するに国防問題は全会一致と参らざるも兎に角議員の大勢は反対せざる様に仕向けたきものに御座候。今の政府党は反対し得ざる因縁あり、政友会も指導次第反対せざる立場に在る状況に御座候得ば、此際充分の考量を費す可き次第と被存候。又首相は外務、大蔵を除くの外兎角不統一勝にして、大臣の権威乏しきには困る云々、陸相は平和円満なる人なれとも云々と、何となく不満足勝の口気有之候趣、併し昨年末に於ける陸相の行動は御注文通りなれば決して不足は有之間敷と相尋ね候得は〔衍字〕は、其点は如何にも満足なりと申され候。対支問題に関して結局の決心を相尋ね候処、是れには他の豪語に似ず言明を避けらるゝ模様に有之候。

右は要件のみ申進候。其内時候柄御自愛被遊度為邦家申も疎に御座候。恐惶謹言

廿四日　　　　　　　　　　　　　　　　　　　　　義一拝

寺内閣下

〔註〕封筒表「寺内閣下　親剪」、封筒裏「田中義一」。封筒表に「一月廿七日　正毅」と書き込みあり。

34　大正(4)年(2)月(3)日

謹復　玉翰拝読、益御勇健に被為渡候段、祝着不過之候。降て小生儀依旧消光罷在候間、乍恐御省念奉願上候。

陸相への御友情至極御尤の御処置と奉存候。兎に角彼の前途を暗黒ならしむるは従来の御情誼上余り冷淡に失する次第と被存候。今次の態度は別として何とか未来の存する様に御指導を賜はるは、独り本人のみならず同郷者挙て切望に堪へざる義に御座候。元帥へも余り嫌悪の態度を示され候ては却て抜く可らざる程、大限、加藤の懐中に深入するの慮〔虞〕なきにもあらず、年来の御情誼上少し寛大に被遊候ては如何と申し入れたる事も有之候得共、自分は個人の事に付て彼是云ふにあらず、国家の為め不利益と認むる故なりと云ふ意味にて御考量をも加へられず、何とか彼の前途を救済する方法は無之哉と節角苦心致し居る折柄に有之候。乍去茲に閣下の御考量を願ひ度きは、陸軍部内の整頓、発展は比較的小問題と云ふ訳には無之候得共、眼前国家の前途に横はる問題は支那に対する処置に御座候。前便にも申上候通り、袁は曠日弥久日本の総撰挙の結果、内閣の交迭等を観望する傍ら、陰に独逸、米利加に手を入れて支那単独にては此問題の解決を困難ならしむる如く仕向くるは瞭然たる事実と被存候。此際帝国は主張を貫徹する為めには威力を用ゆるをも辞せずと云ふ決心と、或場合には之を示さゞれば到底解決は覚束なかるべくと被存候。而して岡が今日の如く加藤の鼻息のみ窃〔窺〕ふては恐らく此決心は六ヶ敷く、又之を示すと云ふことは尚ほ更の儀と存候。要するに平和は武装に因りて保ち得ると云ふ原則の応用は望み少きことゝ被存候。又欧州戦争も如何に成り行く可きか、此儘平和に相成候ては独逸の勝利にして、白耳義は云ふ迄もなく、荷蘭も併合、若くは少くも聯邦的の位置に立つものと考へられ候。左すれば東洋の蘭領印度は独逸の占有に帰し、日本は手も足も出ぬ様に可相成、加之露独の間は却て堅く手を握り、又候十年以前の如く英露の争ひと相成、日本は再び窮境に陥るべく、其故是非共今少く独逸に打撃を与ふるは三国の為めにあらずして実に帝国の為めに必要なるは申す迄も無之儀と被存候。左すれば兵力を送るは実行不可能なれとも、目下彼の困りつゝある兵器、就中小銃、弾薬の如きは、仮令ひ日本の動員計画に対し一時後備隊位いの兵備を欠ぐも、露国をして兵力の増加を助けて独逸に打撃を与ふるの手段を取るは必要と被存候。之れと共に我工廠は一日の製造力千鋌〔挺〕に達せしむるは左程困難にあらず。現に宮田提理に聞質し候ても此際大臣の消極方針を慨歎しある有様に有之、然る時は一ヶ年三十六万挺は製造し得らるゝ様に可相成、目下は夜業も不仕候故、一日五、六百挺位いに有之候。是等の決心は陸相に於て大局に着眼すれば自然に思ひ起さねば不相成次第と存候。元帥も以上の事柄は到底岡には実行出来ずと考へらるゝ様子に御座候。尚今後交戦各国が疲労困憊に陥りたる場合を見計らひ、容易に戦局の均衡を破り得る時に於て、一面露国方面に出兵を装ひ、他面米国と協同して平和克復の首働〔導〕者たることを策するが如き、外交的芝居を演すると云ふ意気込を持つと云ふことも、今より考へ置く可きものと被存候。是等の大事は兎に角陸相の決意、努力に待つ可きものたるは申す迄も無之、就ては閣下節角の御友誼に候得ば、速かに御帰京被成候て、右等大事なる国務を遂行する為めに陸相を後援被遊候は、今回の御哀情に対する自然の必要と被存候。然らざれば処罰仏作て魂を入れざる仕義と可相成、御忠告を与へられ而して事実を其儘に放擲被遊候ては邦家前途の為め如何のものに候哉と窃かに疑惧の念に堪へざる次第に御座候。然らざれば個人としても彼の前途に光明を与ふる処以に有之間敷と被存候。加之ず増師問題に対する処置としても過る議会の如き仕打ちにては恐らく成功覚束なかるべく、其辺も今少し踏み込て御指導を与らるゝ必要も可有之、是れ独り陸相の為めにあらず、実に陸軍全般の為めと被存候。一応の御情誼のみにて事実御後援無之候得ば、今後陸相は益難境に沈み遂には彼の将来は全く堙滅することゝ被存候。今日の情況に於て最早元帥との意思疎通は困難と被存候。

実は昨夜陸相と面会致候処、従来の情誼上より平素の疑心深きに似ず余程懇談的に先方より身上の打明け話しも有之、其際自ら閣下へ電報せしこと、及御返電の要領等も説明し、自分も大に惑ひ居る旨を申述、意見を承はり度旨申され候に付き、腹蔵なく何か好き機会を捉へて暫く職を去り、上原中将の如く捲土重来の計を考ふること得策なるべくと忠告致し置候。陸相も大に其懇意を諒とせし模様に御座候。而して陸相が今日の難境に立ちたるは遠慮なく直言すれば、大嶋の行動誠実を欠ぐ〔ママ〕と云ふことが原因と被存候。裏面の消息は別としても省内に於ても今日は専ら二人の大臣ありて困ると申すことは何人も憚らず申し居る位いに御座候。元帥閣下は大嶋を陸相にすると云ふことを始終言辞に現はされ居る位いに候得ば、御意中の程は察するに余りある儀と被存候。其故寧ろ今後の難関を大嶋に譲り、更らに未来を策する方、岡の為めには有利なる仕方と信し居る次第に御座候。然らざれば閣下速に御帰京被遊候て岡に事実上の後援を御与へ下さるか、小生は陸相に対する問題より延いて元帥閣下と閣下の間に意思の疎隔を慝〔惹〕き起す様の事ありては其れ社実に国家の一大事と存じ候。要するに元帥閣下は各方面に亘る種々なる意味を胸臆に有せらるゝ様に推察被致候故、此際聊かたりとも両閣下の間に確執の原因を生み出すことは邦家将来の為め無上の不利益と被存候。夫れでなくとも元帥は兎角寺内は自分の意見に反対すると申さる事往々耳に致す時も有之候得ば、此処は御心苦き処も有之儀とは千万御推察仕候得共、元帥も御老人の事なれば見当違ひの繰り言も絶無とは申されずと被存候間、押して御辛抱被遊候様、切に為邦家不堪懇願候。大嶋が陸相となれば国務及政治上には元帥が一々御指図も可有之、而して如何に進行するか如何に成り行くか又如何程続くか御傍観被成候も亦御一興かと被存候。以上は甚だ謹慎を欠ぎ且つ過分なる申し分に御座候得共、何卒御海容被下候て、意中御諒察を賜はり度御願申上候。

次に小生に対し政治問題に深入りせざる様との御親切なる御注意深く感銘仕候。決して政事問題に関係は不仕候間御安心被下度候。乍去政治界の事情を知り経過を明にする事は必要と存するのみならず、事情に暗く政治を理解し得ざる者は今日の情況に於て軍事を料理し国務に貢献は出来得ざるものと自信罷在候。閣下に時々御報告を呈するも亦独り多年の御懇情に報ゆる為めのみならす、之れは国家の一事務と心得居り候。其故事情を知ると云ふことと問題に関係することゝは自ら其区別を誤らぬ様精々注意を加へ居り候間、其辺は御省念被成下度御願申上候。

予後備将校の件は兼て苦心致し居り候折柄閣下の御希望も有之、加之ず近来在郷下士以下より将校を分会の正会員より除外致さずては却て発展を阻碍するのみならず、会員中に悪影響を与ふる恐れある等の書面頻々到来致すと云有様に有之、此分にては最早放置する訳には参らずと心得、先ず東京、大坂等在郷将校多き場所より逐次在郷将校会なるものを組織して、彼等の結束を第一着とする心積りにて、遠からぬ内在郷の高級将官方に御相談を試むる考に御座候。多少経費も要する事と被存候間、昨夜陸相に右支出の事も下相談致し置候間、何とか纏める積りに御座候間暫く御待ち被下度候。

小生は将来国家の発展を期する為めにも、又軍隊を強くし併せて国の秩序を保持する為めにも、青年を結束して規律節義の観念を叩き込み、体力、気力を枉〔旺〕盛ならしむるより急務なるはなしと心得、且つ節角在郷軍人会も順境に向ひ来り候折柄に候得ば、全国統一的に青年の指導教養の途を組織的に実行する団体を現実せしめんと、昨年来海軍並に文部省、内務省の方面へも交渉し、又文部省に各学校長を召集せし際此主旨の講演を為す等種々努力致し候処、近来各地方にも段々此主旨を了解し来り、先つ大坂府知事と師団長と協議の上坂地より卒先して実行致し度旨を以て知事より来坂致し呉るゝ様屢々乞ひ合ひ来り候に付き、陸相の認可を得師団長より命令を受けたる形式を以て明後五日出発大坂に参る積りに御座候。又明日は文部、内務其他之れに関係する諸団隊〔体〕の者文部大臣官邸に会合を遂げ協議致すことに進捗致し来り候。実は欧州戦争の終局に至らざる間に何とか取り纏め度き希望に御座候。世間道義の観念欠乏して風儀日々乱るゝを慷慨するものは多々有之候得共、何人も具体的に其途を求むるものは無之、徒らに空論にのみ走りて慨歎するは益無きことゝ存し決心致したる次第に御座候。就ては過日御送り申上候少国民の教養と題する原稿は即ち此事業を皷〔鼓〕吹する為めに公開せんと存し記述致したるものに御座候。尤とも文字文章は尚ほ多く修正を要する儀に御座候得共、御電覧を賜はり御教示を下され度奉願上候。此事業緒に就き候得ば、此団結と在郷軍人会と相待て国家の基礎を固め、秩序を維持して進運を希図するを得可きかと努力を惜まざる仕義に御座候。尚ほ幸に閣下の御賛同を得れば朝鮮各地方に設立を勧誘被遊候ては如何に御座候哉、実は内地より朝鮮の如き新附の領土に於て特に必要なる様に被存候。又内地に比すれは設立も容易に指導も単純に行はれ、体育の方面は軍隊若くは在郷軍人をして協力せしむれば左程困難には有之間敷、斯くして未来の運命を負担す可き少年の思想を統一に導くは行政事項と相待て必要の様に被存候。在郷軍人会の経済も近来段々順潮に相成、恩賜金の外に基金は二十万余に相成、為めに四年度より恩賜金の利子は全く除外して収入と支出の差四千円に近き額に達し、即ち予算面には予備金に候得共其実は全く剰余金に御座候。又戦友の特別経済も近来余程余力を生し来り、雑誌の為めに特別積立金として貯蓄し得たるもの是亦三万円近く相成候間、最早大抵本部の経済には苦心を要せざる様に相成候間、御安心被遊度候。

同裳会の規約に御記入相成候御注意敬承仕候。御尤の次第と存候間其通り訂正仕候。養成所の方は過日不取敢御承認を得候丈けにては迚も事業の発展は六ヶ敷く、尚ほ本年より千五百円宛の確定財源を得て今一歩進めたきものと心配致し候。其内五百円は毎年毛利家より支出する様に過日五郎男爵に約束致し候間、残り千円の確定財源に御座候。已を得ざれば尚ほ久原に負担せしむべきかと存居り候。

後藤男爵は総撰挙に中立を標榜して当撰する者を包容せんと除々準備せられ居る模様に御座候。井上侯は九州の政友会根拠地たる地盤を破壊する為めに貝嶋等をして尽力せしめらるゝ模様に御座候。

早川は閣下の御電報に接して以来十中九迄逃げ仕度を致し居り候得共、再び立ち直り努力を継続する旨申述候。御来意の通り岡田も余り遣り繰に過ぎたる結果に御座候。早川の尽力効を奏したると仮定しても、該事業の主権は岡田の手を離れて三井に移る結果と可相成様被存候。
以上蕪文乱筆の段御海容を賜はり度奉願上候。其内時候柄切に御自愛被遊度為邦家奉祈候。恐惶謹言

義一拝

寺内閣下

追て、大嶋は帰京後支那通と相成、大分外交的抱負有之由にて、外務省辺へも忠告すると申し居り候。乍去其口気は矢張り通り一辺〔遍〕にて威力の外には適当の外交は有之間敷き様に被存候。

〔註〕封筒表「寺内閣下　乞御親展」、封筒裏「田中義一」。封筒表に「要保存　二月八日　正毅」「二月十八日」と書き込みあり。

35　大正（4）年3月3日

謹啓　其後益御勇健に被為渡候段恐悦至極に奉存候。降而小生儀も至て健勝に勤務罷在候間、乍恐御宥念被成下度奉願候。
過日御送附申上候冊子は逐一御親閲を辱ふし難有御礼申上候。尚ほ御注意の次第は兼々気附居り候儀には御座候得共、原稿として思ひ切て書くと云ふことは多少当局の参考とも相成可申、且つ添加するは削除するより容易なることゝ存じ記述致したる儀に御座候。陸相及参謀本部の点検をも乞ひ候処、尚ほ沢

山の削除を請求せられ殆んど換骨脱体〔奪胎〕と相成る様に被存候。然るに元帥閣下は一々御親閲の上絶対に削除の要無之、余り遠慮致しては効能有之間敷との思召に候得共、今回は何も憚る処なく公然小生の名を以て発刊仕候心得に御座候得ば、其筋の反対を受くるは隠〔穏〕当ならずと心得、加之ず閣下の御高配も有之候に付き、大分修正を加ふる積りにて訂正に着手致し居り候。又他の少国民の教養なる冊子は一日も早きを要する事情有之、且大方大なる御異存も有之間敷と心得候に付き、其方を先に発行致す積りに御座候。尤も両冊とも陸相の承認を経て表向き小生の署名を致す儀に御座候間、乍憚御含み置き被下度候。

乍去印刷に附する前には今一応の御親閲を願ひし上にて取極め可申と存候。

対支問題の成り行きは多分明石中将より逐一報告相成居る事と存候間省略仕候。万一報告無之候得ば、大藤に御下命被下候て其旨御通知被下度候。昨今は満蒙問題の前提即ち東部内蒙古に日本が優越の位置を占めると云ふことに付き彼は不服を唱へ居る模様に御座候。要するに少し思ひ切たる態度を示さゞればば解決は覚束なきことゝ被存候。且つ彼は総撰挙の形勢を観望すると云ふことも事実らしく被存候。兎に角独公使は日支間の紛糾を増長せしめて、一種露英の牽掣〔制〕策に利用せんとする所存と疑ひなきことゝ被存候。而して其れが亦日本の遠慮の種子にも不相成哉と掛念致し居り候次第に御座候。外務省は談判の経過を元帥へは固より首相へすら委敷く話さゞる模様に候得ば、直接陸相より内閣に於ける報告の模様を聞いて判断する位に御座候。

陸相は総撰挙の期を機会に辞職の決心なる旨申述候に付き、其機会は適当ならず、其考へなれば閣下の御帰京を待て御意見を承はり、其上にて決行致す方可ならんと申進置候。過日元帥へも陸相の考へを御話し致候得共、恐らく本心より出たる言葉には有之間敷云々と申され候。乍去陸相は本日元帥を訪問致すとの事に候得ば、直接自分で元帥に申述べ御意見を承はる方可然と進言致し置候。元帥の真意は那辺に存すか、表面上にては今改めて申上る迄も無之候得共、恐らく政友会を押へて今日の境遇に立しめられたるは大隈にあらすして其実元帥操縦の結果にして、政友会は大隈伯をして彼の如き行動に出しめたるは陸相昨年の行動が政党的見地より打算したる処置にして、陸相の真面目を守られざりしに因るものして、深く陸相に含む処あるが為め、寧ろ其交迭が今後の政治的方向並に陸軍の為に有利なりと云ふ御考へには無之かと推測致され申候。閣下御帰京に相成候て其辺の消息適当に御判定被遊候て、然る後適宜の御裁断可然かと愚考仕候。

過日元帥は長谷川閣下に、後任者の事は申す必要無之も、自分が辞退したき希望なれば其旨直接に陛下に奏上致しては如何と注意せられたる由に御座候。之に関し陸相は長谷川閣下は未だ其奏上は致されずと申され候。之も推測に候得共、元帥は其後任を上原大将と考へ居らるゝ様に相見へ申候。嘗て元帥は小生に寺内が総長に就職する考を持ち居るかとの質問有之候。其節一向其辺の事は承知不仕と返答致候処、総長と総督との兼務は不可能ならんと申されたる事も有之候。

過日元帥の御話に、自分等元老は連名にて大隈伯に日露同盟を促進する必要ある旨の書面を送りたるに、先ず従来の日英及日露間の同盟協商に関する書類を調査したる上にて更に相談すべしと云ふ返答ありたる旨申され候。此辺の次第は閣下御帰京前に一応の御考量を費し置るゝ必要有之様に被存候。尤とも此儀は何人にも知れざる様に注意せられ居る模様に御座候。

其他種々後藤男等に関する政治的方面の事柄も有之候得共、何れ遠からぬ内御帰京遊され候得ば其節委曲可申上今回は態と差控へ候。

右御礼旁御報告申上候。其内為邦家御自重被遊度奉願上候。恐惶謹言

三月三日　　義一

寺内閣下

〔註〕封筒表「寺内閣下　乞御親閲」、封筒裏「田中少将」。封筒表に「三月七日　正毅」と書き込みあり。

36　大正（4）年6月15日

謹啓　御安着後御変も無之趣き恐悦不過之候。降而小生儀依旧精勤罷在候間乍憚御放念被成下度奉願上候。却説御出発前之御伝言は委曲山県元帥へ申述候処、篤と御了解被遊候模様に御座候間、御安心被遊度候。其後演習等に出張仕、元帥に御面会之機を得ず、従而御報道可申上筋も無之候得共、井上老侯が昨日秘密に御帰京相成候由聞き及候。是れは過般元帥より承はり居り候点より、彼の対支善後の計画満蒙の処置等に関する御要件の御談合に可有之儀に推察せらるゝ理由有之候。小生は本十五日より廿日頃迄野営に出張仕候得ば、帰京後元帥より委曲承り候て御報道可申上候。別紙は露仏両国より最近到着致候通信に御座候間御電覧に供候。要するに欧州戦争の将来も大抵推測に難らず、従而日露間具体的交修も昨今が適当なる時期かとも被存候。井上侯の御帰京も此問題も当然御相談に上るならんと被存候。昨今世間の状態何となく落ち附ざる様の気味相見へ妙な反響に御座候。官営事業整理委員とは頗る不可

解の者に有之様被存候。其後陸相には一切面談も不仕候得共、昨日十四日元帥の御誕生祝の際会合致候故、此件相尋候処、其理由も不明なるのみならず、陸相自身も已を得ず同意したるが如き口気に御座候。要するに一時の処謂場当り仕事には相違有之間敷と被存候得共、矢張り制絨〔製〕所等の問題が目的なるは明燎〔瞭〕に御座候。

彼青年教育の冊子地方に散布せられしもの今日迄に已に六万部以上に達し、今月中には八万部に達するならんと存候。従而全国大分気運を促進し来り、文部大臣も近日実際の組織方針に関する訓令を発する旨申居候。

兼而の雑誌に関しては委曲児玉伯より御聞取り被成下度御願申上候。

其内追々暑気も加り候折柄、為邦家御摂養被遊度奉祈候。恐惶謹言

六月十五日　　義一

寺内閣下

〔註〕封筒表「朝鮮京城　伯爵寺内正毅殿　乞親剪」、封筒裏「東京青山北町一ノ八　田中義一」。書留。封筒表に「返事済」「六月十九日　正毅」と書き込みあり。

37　大正（4）年6月23日

謹復　御芳翰拝誦。先以て初夏の候閣下益御勇健に被為渡候趣き恐悦不過之候。降て小生儀も依旧頑健に勤務罷在候間、乍恐御放念被成下度候。

過る廿一日山県老公を訪問仕、第一に井上侯御帰京の用事並に御会談の概要承はり候処、推察に違はず此際日露同盟促進の会談に有之候由。乍去老公の御意見は何分外相今日の態度にては成立覚束なく、且つ井上は外相と面会を謝絶せし位いなれば円満なる意思の疎通は困難なりと申され候。勿論此際日露同盟の促進を要するは、他日露独の関係親善となる場合を顧慮し、間接に日独間の親善と云ふ意味も含み居ること〻被存候。又対支善後の始末に関して御尋申上候処、加藤が在職する間は何人も其任に当るを避くるならんと申され候。此意味は松方候〔侯〕とても承諾致す間敷と云ふこと〻被存候。此に於て加藤外相の不人望は遂に大事の国務進行を阻碍すると云ふ結果と相成、甚だ遺憾に被存候。

御来示の通り前陳の概要は明石中将丈けへは話し置候。日露関係の事は全く知らざる様子に御座候。大嶋次官も多分知らざるにはあらざるかと推察致され候。確むる必要も無之と存候。兎に角支那が政府並に革命党等一致して排貨を扇動する際、我国民が是を厭ひ若くは恐怖するが如き態度あるは実に遺憾千万と被存候。而して某種の人々は更に其恐怖心を煽るに至ては言語同〔道〕断と申す外無之、政府も亦進て支那少くも内地の或種の人達を叩き附ける意気もなく、党派の事のみに苦慮する有様は心慨の至りに存候。官業整理も一時の場当りと存候得共、其主なる目的は陸軍の製絨所にあるは勿論の儀と存候。明石中将の談に陸相は唯微細なる事務にのみ拘泥して困る云々と歎息致し居り候。今日の模様にては仰せの如く陸相は矢張り有耶無耶の間に日を過すこと〻被存、老公の御推察適中の感有之、今少し踏み切りあれば万事の国務に好都合ならんと被存候。尤とも近来全く面談も不致候得ば頓と真相も不相分、亦之を知るの必要も無之と存候。製絨所の件は機会あれば大嶋に御来意の次第相伝可申候。小生は明日より更に特命検閲の野外演習に出張致し、廿九日頃には帰京仕候間、其後更に御報告可申上候。其内時候柄随分御厭ひ被遊度、為邦家奉祈候。恐惶謹言

六月廿三日

義一

寺内閣下

筆末に候得共人参御恵与被成下御懇情不堪感銘、謹て御礼申上候。

〔註〕封筒表「寺内大将閣下　親展」、封筒裏「田中義一」。封筒表に「六月二十三日」と書き込みあり。

38　大正（4）年7月3日

謹啓　暑気追々増加の気味に有之候処閣下益御勇健に被為渡候段恐悦不過之候。降て小生儀も七月一日にて特命検閲も終了と相成、至極健康に罷在候間、乍憚御放念被下度奉願上候。

昨夕（二日）不取敢電報申上候件は、昨午前山県老公より承はり及候次第に御座候。老公よりも大体の要領は閣下へ通報致し呉るゝ様との御委嘱有之、且つ先日の御書面に対する御礼旁宜敷く伝言を頼み入るとの御言葉に御座候。老公御話の次第は日露同盟満蒙善後処分等に関する意見交換を為す積りなりしも、先つ井上老侯より加藤外相は兎角外交上の事柄を自分に秘し、且つ井上は秘密を洩らさるゝ恐れあるを以て文書を閲覧せしむるは危険なりとて唯結果を報告するに止め、何等意見を徴したることなし、恰も自分を露探扱をなすと云ふ意味を以て外相排斥を提議せられ、松方侯も、加藤が外相の職に在る間は自分は何事も援助を与ふる能はざる意味を言明せられ候由、因て肝要なる本問題に入るに先て外相に

対する感情問題を解決するの必要相生したる訳に御座候。就ては大隈首相は井上、松方両侯の外相排斥に対する感情の融和に務め、且つ今日の場合加藤のみを辞職せしめて内閣を保持するは困難なる事情あり、已を得ざれば内閣を投け出すの外なしとの意味を附け加へられたる由に御座候。然るに井上侯は頑として首相の調停を拒み、加藤が在職すれば自分は全く隠居する考へなるが故に、英国の嫡子勝之助を帰朝せしめ呉るゝ様と迄申され候由、因て一昨一日各元老井上侯の邸に会合せられ、山県公より強いて加藤を排斥すれば大隈は内閣を投け出す可く、然る時は其善後の処置を預〔ママ〕め考へ置かざる可らず、昨今内外政務多端の折柄無理に内閣を交迭せしむるは又再び四十五年の如き紛糾を来すの恐れなきを保せずと云ふ意味を以て調和の位置に立れ候処、井上、松方両侯は、是れが為めに内閣を投け出すと云はゞ之を止める必要なかるべく、彼の勝手に放任し置く可しと申され候由、山県老公は兼て松方侯が薩州出身の人々より担ぎ挙られ居る事情より、或は侯自分に内閣を組織する考を持たるゝにあらざるかを疑はれ、然らば何人を以て後継者たらしむるか我々は先づ其場合をも考へ置く必要ありと申され候処、井上侯は後継内閣は寺内をして組織せしむべしと発言せられ、松方侯も寺内が可ならんと申され候趣き、因て山県老公は寺内が果して承諾するや否は不明なるも、内閣瓦解の場合には兎に角若い者に組織せしむる方適当なるべしと申され候。是れは松方侯の野心に対する押への意味をも含みし言葉なりと説明を加へて御話し有之候。兎に角井上侯は迚も感情を自制することは致す間敷、亦行き掛り上出来難かるべく、松方侯も加藤在職する以上は何事も内閣に援助を与ふることを承諾せざるべく、要するに今日の情況にては井上侯と同様の立場に在るものと考へるとの事に御座候。尚ほ老公は議員贖〔瀆〕職問題より延ひて大浦に影響す可く、之れは昨年来苦心せし政党の分野に打撃を与ふことゝ相成困却致すとの御言葉も有之候。昨二日小生訪問中、西園寺侯参邸せられ種々御談話被為候得共、之れは主としては露日英間の外交関係問題に就き意見を交換せられたる位いに御座候。引き続き大山公参邸せられ候。是れは甚だ突然の事件にして大に当惑せられたる様子に相見へ候。去る一日老公は御前に奉伺して現今の事情を言上せられ候際、聖上より大山は辞職するにあらずやとの仰せ有之候由、其際公は其れは陛下が新聞にて御覧被遊候ならんも、恐らく風説に過ぎず、彼様の事有之場合には大山が山県に一言もなくして此様の処置に出つる筈は万々無之事と存する旨言上せられたる折柄、昨日大山公は此儀は大隈首相が陛下に言上したる趣きなり、因て自分は此際辞職致し度しと申されたる由に御座候。大山公は自分の後任に西園寺侯を就職せしめて此場合を切り抜ける積りにあらざるかとの疑念を抱かれ居る様子なるを以て、老公は其れは行はる可きことにあらず、亦西園寺は今迄来りありしも彼恐らく内府の職に就くことを承諾せざる可く亦承諾し難き行き掛りあり、兎に角大山公の在職は之を以て重きをなす処以なれば、是非思ひ止まり呉るゝ様申したるも、恐らく大山は思ひ止まる間敷と申され居り候。就ては今より直に大隈に面談して彼れに言上の理由を聞き質し、更に何とか処置する必要ありと大に苦心せられ居り候。昨日老公の談話は以上の通りに有之、尚ほ老公は大体の筋を閣下に報道致し呉るゝ様入念に申され候。右の通りに御坐候得ば或は今後不意に内閣交迭と云ふことに相成哉も難計と被存候間、御考量被遊度候。今日の情況にては現閣の永続は迚も六ヶ敷き様に被存候。乍去稍遺憾の様に被存候儀は、何となく感情より無理に突き落すが如き勢を世間に示すが如き趨勢と相成候て、今後国務の運転上一種の障碍を招く原因と相成儀に御座候。尤とも大体に於て過般の特別議会に於て世間有識の士は政党者流跳梁の弊に堪へざることを認め、一面欧州の戦況に於て独逸の優越せる勢力を認むると共に大に自覚する処ある折柄に候得ば、此際政党政派に関せず、外四囲の情勢に応し、内政党的観念に駆らるゝ弊政を矯め、更に進て国民性の改善、国民道徳の発揚に努力して効果あるべき機会到来致したる様に被存候得ば、強いて回避被成候場合には無之様愚考仕候。何卒過分の差出口と御叱り無之様微意御酌取り被下度奉願上候。要するに求めずして来る機会は之を捉へて国家に貢献せらるゝことは、閣下が先帝の恩寵に報ひ、之を今上陛下に奉せらるゝ処以かとも被存候。兎に角今後の情況は的確に予測致し難く候得共、閣下として万一の場合に処する御思慮有之候て可然様に被存候。何れ今後の情況は近々更に御報道可申上候。

陸軍大臣には近来頓と面談も不仕候得共、何れ近々面会致す積りに御座候。昨夜某所に於て同席致し候処、前述の模様は全く知らざる様子に御座候。参政官も真鍋、三浦と発表の通りに御座候。

七月三日　　義一

寺内閣下

〔註〕封筒表「寺内閣下　親展」、封筒裏「田中少将」。

39　大正(4)年7月6日

其後益御健勝に被為渡候儀と奉存候。降て小生も依旧頑健に罷在候間、乍憚御放念被成下度候。本日山県老公に面会仕、其後の情況承はり候処、松、井両老の対加藤感情は毫も融和せず、乍去内閣は山県老公の調和的態度に信頼して、結局松、井両侯の為めに内閣を瓦解するの運命を避け得らるゝことゝ考へ居る模様に御座候。而して松、井両侯の感情に気兼して内閣を投け出す如きは無責任の行動にして、陛下に忠なる処以にあらずと云ふ意味を以て、支持する様に被存候（井、松両侯は閣下を後継者に推すの意見は変らず）。山県老公の真意は、此際元老が無理に内閣を突き崩すが如き結果と相成候ては、却て政党の為めに此機会を利用せられて、将来の施政に障碍を来し、大正四十五年の弐舞を為すに至るの恐れあり、其れより行き掛りの日露同盟問題を以て加藤を追究し、何とか解決せしむるか、然らざれば感情問題を避け政略問題を以て加藤を窮地に追ひ込んと被考候様に被存候。山県公が松、井両侯と同様の態度に出づることを避けらるゝは、大浦、平田両君の運動大に与て力ありと被存節も有之候。要するに山県公は今直に内閣が瓦解するとは考へられ居らざる様に被存候。又大山公の辞職問題も山県公の尽力にて当分中止と相成候由に御座候。要するに内閣は山県公に頼て運命を保つことに運動致し居ることは疑ひなかるべく、其れと共に日露間の問題を解決せんと試る可く、其辺の周旋は大浦内相専ら之れに当り居ることも事実に御座候。

以上は本日山県公の御談話並に之れに連繫して判断せし事柄に御座候。小生も此内外国歩多難の折柄、元老達が無理に感情に偏して内閣を解崩せしめらるゝは穏当に有之間敷、却て将来の施政に紛擾を来し、後継者を難境に陥る恐れありと申述候処、老公も自分も同様に考へ居る旨言明せられ候得ば、其辺が目下の情勢と御判断被下度候。唯日露の外交問題は如何に成り行く可きか頗る疑問に御座候。

陸相を如何にす可きか、大嶋は現内閣員に快らざるもの多きを以て思ふ様にも相成り兼ぬると云ふ語気を洩され候。

未だ確定したる訳にも有之間敷と存候得共、友人より内聞致し候処に拠れば、小生は八月頃地方に転出すると云ふ内議も有之由に御座候。就ては此際夏季定例休暇を利用して修善寺温泉に参り暫く体力の保養に従事致し度存候。山県総監も御帰京相成候得ば、政治上の経過は小生より的確に御報道も可相成、其辺は閣下に御不自由も有之間敷と被存候間、右様御承知被下度候。尤とも暫くにても小生の此際東京を離るゝことを御不便と思召され候得ば、其旨御電報被下度、今の処十一日頃出発致す心組に御座候。又決して身体に異状ある訳には無之候。何等御下命無之節は御差支無之ことゝ承知可仕候。又小生地方へ転出致候場合には、在郷軍人会の方は何人に依頼す可きか、同裳会の方は如何にす可きか、是亦御指図被下度候。小生は山田少将に托するの外無之様に存居り候。去り乍ら前述の通り真の内聞に候得ば確否は不相分候得共、突発の場合を顧慮して心積りを致し置く次第に御座候間、右様御思召被下度候。序ながら御配慮被下候彼の青年教育に関する冊子は、各地方より購読希望者今日迄八万五千部計りに達し、尚ほ続々申し込み有之、意外に大なる影響を惹起致し候。此分にては未た甚しく地方の民心を悲観する程にも及ばずと人意を強ふ致す次第に御座候。

何れ十一日頃迄には更に今一回御報告可申上と存候。其内時下御自重被遊度奉願上候。恐惶謹言

七月六日夜　　義一

寺内閣下

〔註〕封筒表「寺内閣下　親展」、封筒裏「田中少将」。封筒表に「七月十四　正毅」と書き込みあり。

40　大正（4）年7月16日

謹啓　其後益御勇健に被為渡候儀に奉存候。降て小生儀も至極壮健に罷在候間、乍憚御放念被成下度候。御地にては昨今政務御多端の御模様に拝見致候処、随分御心労之御儀に奉存候。先般出発前今一応山県老公に面謁仕模様御報告可申上様申上置候処、其折老公に種々御支障有之、遂に其意を果さず、井上老侯丈けへは御目に掛り候。乍去山県老公は務めて無理なる手段を執らるゝ様な事は有之間敷、唯々日露関係の問題は強力に御督促相成ことゝ被推察候。井上老侯は最早加藤在職中は何事も関係せずと申され候。要するに国家の大事は到底彼の任にあらずと。乍去元老は無理に内閣を破壊するの行動を執ると批難せらるゝは時勢に考へて隠〔穏〕当ならず、其故興津に帰臥する云々。是亦山県老公の御考に近接し来りたる結果と相見へ申候。唯出発前確実に聞込候儀も有之に付き、書中を以老公に申進置候次第は、牧野男、安楽兼道等の人々が一部代議士と共に此機会を利用して山本伯を再び世に出さんとの運動に御座候。是れは幾重も深き注意を要する儀と被存候。其画策与しある代議士は主として例の岡崎邦輔なる模様に御座候。

真鍋閣下の参政官には世間大分批難有之、一度軍人として忌む可き制裁に遭ひたる人を登用するは陸軍の面目を損し、私情を以て公器を弄するもの云々と申す者も多く、之れは一応尤もの儀と被存候。

在郷軍人千葉県保田村分会に於て御大典紀念事業として時計塔を建設し、以て会員をして時間を尊重するの気風を函〔涵〕養致し度に付き、台石に閣下の御揮毫を願ひ度旨申出候間、何卒御染筆被成下度奉願上候。

右に要する物品は大藤の手許迄送附為致置候。

先は御見舞旁御左右申上候。遂日炎暑に追々向ひ候折柄、精々御自愛被遊度奉願上候。

七月十六日　　　　義一

寺内閣下

〔註〕封筒表「寺内大将閣下　親展」、封筒裏「田中少将」。

41　大正(4)年(7)月29日

謹啓　本年は炎暑取り別け烈敷様に被存候処、閣下益御清穆に被為渡候段恐悦至極に奉存候。過般来朝鮮就中京城は特に洪水に有之候様、固より御別条は無御座候得共節角御丹精被為遊候折柄、彼是御心痛之次第奉恐察候。降て小生儀も要慎の為め当地に参り無為に消光罷在候処、最早定例休暇の日限にも相成候得ば、両三日中に帰京仕心得に御座候。其節は立花にも面会致候て御近況可相伺と存候。山県老公も兼て御心痛之通り大浦内相に対する関係段々仰山に相成、近来台閣に於て彼様なる不徳義なる問題頻発仕候は、時勢多難の折柄実に遺憾千万に被存候。何れ帰途小田原に立寄る積りに御座候間、更に委曲御報告可申上候。

先は水害の御見舞旁御機嫌相伺候。恐惶謹白

二十九日　　　　義一

寺内閣下

〔註〕封筒表「寺内閣下　御見舞」、封筒裏「田中義一」。封筒表に「八月一日　正毅」と書き込みあり。

42　大正（4）年8月3日

極暑之折柄閣下益御勇健に被為渡候段恐悦申上候。降て小生儀も過る一日帰京仕候。健康には絶対に異状は無之、寧ろ時と共に益佳良に相成候間、乍憚御放念被成下度候。

今回の政変は唐突の様に候得共、過般加藤外相に対する元老会談の際、已に山県老公は今日あることを気遣はれ居り候位に有之、大浦子には実以気の毒千万に候得共、尾崎の如き人物と共に閣班に列すると云ふ事が抑の間違に有之、大隈首相も余程後悔致し居る様子に御座候。不取敢電報にて申上候通り、前回の行掛り上松方侯は今回の総辞職を寧ろ快く思はるゝ位に可有之候得共、井上侯は加藤外相を退けて留任せしめ度き意見なる趣申越され候得ば、大体留任勧告に各元老の意見を纏めらるゝ御見込あるものと被存候。老公とても固より好意ある訳に無之候得共、御大典を控へ且つ欧州戦争の形勢は現内閣の見込に反し漸次連合側の不利と相成、加之今年の予算編成は海軍問題と共に頗る困難の状体に有之、旁何人が後継者たるも仲々の難局なるのみならず、此始末は亦現内閣の責任に候得ば、出来る丈け留任を勧告せらるゝ御考に有之由に御座候。乍去加藤は是迄何事も見込違ひと相成、且つ元老に対する反抗の意味も有之、迚も留任は承諾致す間敷、左すれば大隈は到底持続する能はざる可しとの観察に御座候。岡陸相も加藤は恐く自分が承諾せざるのみならず、首相に掣肘を加へ且つ一時留任と決するも、予算編成にて自ら倒るゝに至るならんと申し居り候。閣員中留任を希望して運動致し居るものは尾崎位いに御座候。何れ明日首相へ勧告せらるゝ筈に候得ば、其結果は分明次第更に申上べく候（ママ）。老公は大隈自身は必ずしも勧告すれば留任せざるにはあらざる可しとの見込は、過る三十一日帰京草々参内の際宮中にて大隈に会談せし時に附き居れりと申され候。乍去首相が勧告に応ぜざる場合には如何にせらるゝか、其辺は全く言明を避け居られ唯困た次第とのみ歎息致され居り候。

一方政府反対の連中は、新聞にも相見へ候通り、此際老公を担がんと致し居り候得共、是れは到底行ふ可らざる事と被存候。要するに此処十日間位いは到底落着は致す間敷と被存候。

最後に小生は何か老公より朝鮮に申し遣はさる可き事柄は無之候哉と相尋候処、今の処何も申遣はす事は無之との返答に御座候。

唯今の情況は以上申述候事体に過ぎず、今後の経過は重て御報可申上候。申上度き儀も有之候得共、此際揣摩推測的事柄は全く無用の儀と存候間、後して申上る場合を相待ち居候。

過般小生の身上に関し申上置候処、帰京後内聞致す所にては、小生の位置は御銓議不相成趣に候得共、河合少将迄は異動有之由に御座候。又大佐は菅野大佐迄は進級致す由に御座候。就ては当分現職に残ることゝ被存候間、従て軍人会及同掌〔嚢〕会の方は其儘継続可仕候間御安心被下度候。

其内時候柄為邦家御自愛被遊度奉祈候。恐惶謹言

八月三日　　義一

寺内閣下

〔註〕封筒表「寺内閣下　親展」、封筒裏「田中義一」。封筒表に「八月九日　正毅」と書き込みあり。

43　大正（4）年8月10日

謹啓　昨今は気候不順之折柄閣下益御健勝に被為渡候段大慶至極に奉存候。降て小生儀も依旧録〔碌〕々消光罷在候間、乍憚御放念被成下度候。

扨今回の政変も漸く本日を以て改造を終り先以祝着に存候。本日山県老公より大体次の事柄を閣下に伝へ呉候様御依頼有之候。即ち老公は始めより閣下と同様の御意見にて、各元老の意見を取り纏め、首相へは大浦内相を交迭して首相の兼摂と相成候以上は総辞職は全く無意義にして、亦首相が大浦に対する関係より職を去るとしても、他の各大臣が共に辞職すると云ふは理由なきこと〔に〕して、憲政の上より論するも適当の行動と認むる能はず、特に内外多難、就中御大典の間際に於て、公私の情義を混合して軽挙の行動を執るは、陛下に対し奉り臣子の本分を誤るものなりとの理由を以て首相を説服したる迄にして、必ずしも留任を勧告したる訳には無之、首相は始めより辞表の奉呈は稍真面目ならざる様の点も三十一日会合の時より大抵見切り居る次第なれば、首相は敢て難色を見はさず〔ママ〕直に熟考の余地を与へんことを求めたり、其以来度々確答を催促したる結果、遂に改造の成立を見たる訳にして、余り骨の折れたる経過には無之と申され候。外務大臣は目下米国の珍田に交渉し居る様子なるも、恐らく謝絶するならん、今後は本野及石井に交渉するとの事なり。岡の態度は（小生へは堅く辞職の意を洩し既に転居の仕度を終れりと申し候）、首相の言葉に最初辞表撤回を進言したりと云ふ、左すれば始めより留任の底意ありと見て取りたる故に、過る八日彼れは自分の職を大嶋に譲りて退きたしと申したる際、左程遠慮するにも及ばざる可しと答へたるに、喜で帰りたりと申され候。小生は是れには老公も他に御考へ有之様に被存候得共、大嶋が陸相たるより寧ろ岡の留任が此際適当なる様に被存候。其際岡に対し老公は近来の如く軍紀弛緩の徴あるは甚だ患ふ可き次第に付き、寺内を教育総監兼務にして士気の緊張を計る必要あるべしと申され候処、陸相は黙して一語をも発せざりしと申され候。日露同盟は露独の戦況日々変化するの状勢に考へ、過日大隈、加藤列席の上厳しく論議せしに、其方針にて研究す可しと申し候故、実行する積りなれば研究して貰ひ度しと申したり、乍去彼れは日英露の三角同盟にては如何と申し候故、其れは外務当局の考へにて適当に処理すれば可ならんと申したり、先刻も加藤が参りし故、矢張り其事に付て論議せりと申され候。今回の政変始末に付ては世間に観る程錯雑は無之、本来首相は始めより留任の下心有之候故、唯々大山と共に殆んど嘲弄的口調を以て督促せし位いに止まりたり云々と頗る思ひ切た御言葉も有之候。此外畏れ多き次第に候得共、上御一人の御言葉等に行違ひの廉有之等、其方面には余程心痛被致候趣に御座候得共、其委曲を書中に認むるは恐れ多く候得ば、差控へ申し、宜敷く御判断被成下度候。

過般東京朝日新聞に小生が老公に閣下に関する事を進言せし様に書き列ねたる記事は全く跡方もなき無根の記事にして、例の通り新聞屋の作り記事に有之、小生は絶対に何れの新聞記者にも政変に関し談話せし事は無之、此際特に慎重を要する儀と存し居る位いに候得ば、御掛念被為遊間敷申も疎に御座候。

本年御大典後、東京に大観兵式御挙行被為在候際、全国の各団隊長、聯隊区司令官及在郷軍人各分会より代表者を上京せしめらるゝ由に有之（分会の方は軍人会より要求致候）、就ては此機会を利用して全国の在郷軍人分会長の大会を開催し、各団隊長及支部長たる聯隊区司令官と共に、閣下より充分軍人会の主旨を敷演〔衍〕せられ、直接分会長に教示を与へ之を奨励せらるれば、聖旨の貫徹を計るに再び得難き機会と被存候間、大会開催の件御承認を賜はり度御願申上候。御承認を得ば今日より其計画準備に着手可致と存候。過日陸相に内談致候処、之れに要する経費の幾分は陸軍省より補助可致と申し居り候。此件は何卒乍御面倒折り返し御返信を賜はり御願申上候。

本年武学生養成所の事業成蹟[ママ]は幼年学校の分丈けは余程良好に御座候。即ち及第者二十九名にして全召募員の約一割は山口県の者に御座候。兼て閣下も仰られし通り中学校の者よりは寧ろ幼年学校の方に力を入れる方針にて計画致居り候処、果して其効果を見るに至りたるは愉快に存候。之れに反して士官候補生の方は不結果ならんと期待致し候。是れは数より人物を作ると云ふ点よりして余義[ママ]なき事と存候。

近日御地に於て御開催相成候共進会の模様を詳細全国に紹介する為め、軍人会の雑誌戦友に掲載するは大局に於て利益あることゝ存候。又雑誌として此位い各地方に行き亘るものは無之候得ば、朝鮮の実状を内地人に披瀝するに最良の機関と存候。就ては閣下の御承認を得ば編纂部より御地に人を差遣して記述せしめ度く存候。此儀も何分の御指揮相願度候。

過日立花中将が参り打解て話し候。彼の身上に就き申述候儀は、自分も多少朝鮮の事情をも解し且つ総督の御意図をも諒し居る、一面には自分将来の為め軍隊指揮官たるを希望する次第に付き、新設せらるゝ師団長に転任するを得ば誠に仕合せなりと申し候。後任には種々銓穿[詮索]の結果、参謀本部の尾野、福田の両人の中なれば適才なるべく、総督も御不同意なからんと申し述候故、小生は尾野の方が適当ならんと返答仕候。是れは閣下の御参考にもと存し御報申上候。

以上御機嫌御伺旁要件のみ御報告申上候。其内為邦家切に御自重被遊度奉願上候。恐惶謹言

八月十日　　　　義一

寺内閣下

追て過般御願申上候保田村分会の紀念塔御揮毫は難有奉存候。何れ出来次第写真等御電覧に供す可く候。過日大藤より伝へ来り候。軍隊に於て在郷軍人に関する教育不充分なる件に就ては、是迄口舌に書き物に屡々督促し、教育総監よりも特に訓令を発せられたる位いに御座候得共、兎角各隊長に於て遠大の抱負なく、唯々目前の検閲成蹟(ママ)を競ふ結果、不知不識の間に等閑と相成、彼等は決して其必要を認めざる訳には無之候得共、事実は甚た不振に有之、遺憾此事に存候。其れ故今度大会の際は隊長、支部長、分会長を一堂に会して適切に鞭撻を加ふる必要ありと存候。

〔註〕封筒表「寺内大将閣下　親展」、封筒裏「田中義一」。封筒表に「八月十日(エンピツ)」「八月十四日　正毅」と書き込みあり。

44　大正（4）年9月1日

謹啓　益御多祥に被為渡候段恐悦申上候。降て小生儀も依旧健全に鞅掌罷在候間、乍恐御放念被成下度奉願上候。

少々御報道相遅れ候得共、昨今陸軍に於て兵器弾薬を露国へ大仕掛（陸軍工廠のみ）の様に供給の運びに立至り候経過の概要申進候。実は先月十八、九日頃本野大使及英国の井上大使より報告有之、本野の要旨は露国の外務大臣が露国の窮状を訴へ、「リガ」の危殆より延いて露都の危険に迫ることを悲観し、是非日本の救援を乞ひ、之れが為め要すれば何か日本に於て要求する処あれば考量をも加ふ可き旨を申し添へ候（之れは暗に長春、松花江間の鉄道譲与の意味ならんと察す）。又井上大使よりは、英国皇帝より大使に日本の好意に因り聯合軍の窮状を救ふ為め、露国に兵器を供給し呉るゝ様との懇談ありし趣きに有之、是れは皇帝自身よりの御依頼に候得ば無碍に謝絶する訳には不参、又別にグレーより兵器供給は日本の新兵器を作る為め寧ろ利益には有之間敷哉抔と云ふ意味を以て勧誘致し来り候。而して露国外務大臣の要求は小銃百万挺、已を得ざれは五十万挺を即時在庫品を以て供給致し呉るゝ様との儀に有之候。先月廿日丁度小田原に老公を御尋致候際右の書類が来り、又其日首相が老公に相談の為め古稀庵に来らるゝ前に御座候得ば、老公の御尋ねに因り、今日の如く露国の状況益不利と相成り来り候上は、最早日本自ら覚悟を要する時代の到来する者と考へざる可らず、然るに日本の身代として最早今日迄に六十万挺余の供給は最大限に可有之、此上在庫品を払庭〔底〕するは寧ろ危険なる境遇に立つものと被存、因て在庫の払出を謝絶し、此際全力を傾注し且つ民間の事業家を奨励して兵器弾薬の制〔製〕造に従事せしめ、是を以て好意を表すると云ふの外有之間敷、且つ露国の窮状に乗して我政略上に関する鉄道の要求は却て日本の品位を損し我好意を表する処以にあらず、是れは他日の事として寧ろ此際無条件の方可然と申上候処、老公も御同意の旨申され、首相へは後刻面談の際其主旨にて応対有之候由に御座候。其故英露に対する応酬は此範囲に出てずと存候。陸軍としては工廠の運転資本を百七十万丈け更に増加して動員的作業を致すことゝ相成、其結果今日は一日の小銃製作力五百の処を千挺に増加し、一面例の大平組合仲間を勧誘し職工の流用其他出来得る丈の便宜を陸軍より与へて、小銃、弾丸の製造所を起さしむる等の計画中に御座候。而して露国へ大正九年末迄に小銃百五十万挺、弾丸二十億万を供給し得る事を目途として目下委員を設けて研究中に御座候。其資金並に材料の供給、各年の供給割合等に関し、露国と更に協定を遂げると云ふ積りに御座候由。此処に遺憾なるは昨年此頃より彼様に勧説せしに係らず決行する能はず、今日急に驚いて着手するは已に遅れたるの感有之候得共、乍去遅れても為さゞるに優ることゝ被存候。唯此機会に民間の工場が適当に発展し得ば将来の大利益に御座候得共、其成否は未だ見込立たざる由に御座候。

今日夕刻承はり候得ば、井上老公〔侯〕は最早御危篤の趣き実以て惜みて余りある事に御座候。御老年とは申しながら此際有力なる元老の逝去は国家の不幸無此上儀に御座候。過る廿二日興津に御見舞申上候処、其節は最早身体一面に皮膚病を発し、手足も余程腫れ上り居り候得共、御気分は例の通り異状も無之、熱も少し位い上昇致し居りたる迄にて、前述英露の兵器供給関係を大に心配致されたる程に御座候。誠に今更残念此事に御座候。閣下も定めし御落胆の儀と奉存候。

兼々御配慮を蒙りし青年団組織の儀に関し、其後内務、文部の中間に立ち数次の交渉を重ね候得共、従来の青年会の性質を根底より破壊する訳にて、事業団を修養団に改め、就中徴兵適齢を最高年齢とすれば、其以上の者は大抵在郷軍人会に包含せらるゝ事と相成候に付き、内務省が是迄自治体の主体は殆んど青年会なりと迄に多年培養し来りたるものなれば、此点は余程の難渋を感し居り、亦実際多少同情する点も有之候得共、時勢の要求と道理には反抗する能はず、遂に大体小生の提案通りに過る廿六日内務、文部両当局の意見を一致せしめ、別紙の通りに両大臣連署の訓令案並に組織標準案を決定し、両三日中に発表することゝ相成候間、御安心被下度候。是れ迚も満足には無御座候得共、一応此位い迄に進捗せしめ、更に後日今一歩を進むれば足ることゝ我慢致し、其標準の年齢定限常例の文字を断定的にすれば足る事に御座候。右の都合に相運び候間、在郷軍人会の大会は此際其益与必要を感すること切実なる次第に御座候。要するに欧州戦局の発展と御大典御挙行の絶好なる機会を捉へて一般人心の転換を図り、以て国家の将来に新気運を興し度きものと専念努力致し居る次第に御座候。別紙の訓令は陸海軍へ移牒し来る筈に相成候間、陸軍よりは更に各師団長、各聯隊区司令官に其意を含め旁通牒せしむる筈に致し置き候。

在郷軍人会大会開催の儀は最初陸軍大臣へ相談致し同意を得候に付き、更に山県老公に御意見相伺候処、至極賛成に有之、老公は其際御勅語等の下賜あつて可然と申され候。又海軍大臣へも内談致候処、是亦賛成せられ、更に大山老公に御伺致し申進候処、是亦御賛成に御座候。其節大山公に軍人会としては陛下の行幸を仰ぎ度く存候に付き、陸海軍大臣より奏請せらるゝやも計られず、万事宮中向き御配慮を願ふ旨申添へ置候。又此儀は一応総裁宮殿下の御決裁を仰ぐ必要有之候得ば、明日御避暑地銚子に参り、御伺の上御決裁を得る積りに御座候。過日役員一同を会し、大体大会の日取りを観兵式と観艦式の間に、一、二日の余日有之候間、其間に挙行し、場所は一万人余の人数に候得ば招魂社と相定め、陛下の行幸を仰ぎ、勅語よりは一歩を進めて現役軍隊と共通して、且つ在郷軍人会は地方官民より助勢して保護発達せしむべき筋のものなれば、御詔勅を賜はり、尚ほ何れ現役者には酒肴料の御下賜可有之に付き、在郷軍人には茶菓を賜はる様尽力せられ度き旨申進置候。右等の儀は何れ山県、大山両公の御配慮を願ふ積りに候得ば、近々更に小田原へ参り委曲御依頼可致と存候。右の都合に候得ば、本日表向き閣下より陸海軍大臣に宛大会開催致し度旨の申請書を発し置候間、承認の回答あり次第公然の計画として歩を進め可申と存候。就ては甚だ御面倒の儀に候得共、山県、大山両公へ閣下より大会開催致し度に付き万端御配慮を頼む旨の御依頼書を御遣はし被下候得ば、宮中の御関係其他に付き好都合と存候間、切に御願申上候。尚此儀は可成早きを要する事と被存候。実は過日大山公は寺内よりは未だ何とも申して参りませぬが云々と例の通りの態度も相見へ候間、其辺は御含の上宜敷く御願申上候。

武学生養成の方も士官候補は予想よりは却て好結果に有之、二十六名の合格者に御座候間、御安心被下度候。幼年生徒を通して矢張り最優等の位置に御座候。

先は御機嫌御伺旁、要件御報告申上候。其内為邦家御自重被遊度、申も疎に御座候。恐惶謹言

九月一日　義一

寺内閣下

〔別紙〕

田中少将送付〔書き込み〕

青年団体に関する件

訓令案

青年団体の設置は今や漸く全国に洽く其の振否如何は国運の進暢地方開発の上に影響する所殊に大なるものあり。方今欧米の列国に於ては何れも競うて力を青年の教養に致し、唯其の後れむことを是れ怕るゝの観あり。乃ち此の際一層青年団体の指導に勉め、以て完全の発達を遂けしむるは、内外現時の情勢に照し最も必要を感する所にして、寔に喫緊の一要務たるへきを信す。

抑々青年団体は青年修養の機関たり、其の本旨とする所は青年をして健全なる国民、善良なる公民たるの素養を得しむるに在り。随て団体員をして忠君愛国の本義を体し、品性を向上し体力の増進を図り、実際生活に適切なる知能を磨き、剛健勤勉克く国家の進運を扶植するの気魄と素質とを養成せしむるは刻下最も緊切の事に属す。其の之をして事業に当り実務に従ひ、以て練習を積ましむるもの亦固より修養に資せしむる所以に外ならす。若し夫れ団体にして其の嚮ふ所を誤り施設其の宜しきを得さることあらむか、啻に所期の成績を挙け得さるのみならす、其の弊の及ふ所或は尠からさるものあるを虞る。地方当局者は須らく此に留意し、地方実際の情況に応して最も適実なる指導に勉め、以て団体をして健全なる発達を遂けしめむことを期すへし。

青年団体の設置に関する標準

一、青年団体の組織

青年団体は市町村内に於ける義務教育を了へたる者、若は之と同年齢以上の者を以て組織し、其の最高年齢は二十年を以て常例とすること

二、青年団体の設置区域
青年団体は市町村を区域として組織すること。但し土地の情況に依り部落又は小学校通学区域等を区域として組織し若は支部を置くことを得
三、青年団体の指導者及援助者
青年団体の指導者には小学校長又は市町村長其の他名望ある者の中に就き最も適当と認むる者をして之に当らしめ、市町村吏員、学校職員、警察官、在郷軍人、神職、僧侶其の他篤志者中適当と認むる者をして協力指導の任に当らしむること
団体員にして団体員たるの年齢を過ぎたる者は団体の援助者として其の力を竭さしむること
四、青年団体の維持
青年団体に要する経費は勉めて団体員の勤労に依る収入を以て之を支弁すること
〔註〕封筒表「寺内閣下　別紙相添へ」、封筒裏「田中義一」。封筒表に「九月十一日返書を出す　正毅」「九月一日」と書き込みあり。別紙はカーボン写。

45　大正(4)年9月14日

尊翰謹誦仕候。秋冷相催候折柄、益御健勝に被為渡候段、大慶至極に奉存候。降て小生儀も依旧瓦全罷在候間、乍憚御放念被成下度奉願上候。

井上老侯の御逝去は御来示の通り国歩益多難の折柄残念千万なる次第に御座候。

大会の儀に関し両元老に御書面御遣はし被下候由、誠に好都合に御座候。過日山県老公へは行幸、詔勅の両件並に代表者に御菓子を賜はり、帰村の後全会員に頒ちて厚き聖旨を感銘せしめ度き旨をも御内談申上、御賛成を得候に付き、陸軍大臣より老公に相談致し候節は宮中向き万事御配慮を願ふ旨をも申上置、更に本日右の三件を陸軍大臣に懇談して賛同を得、大臣より改めて老公に相談を遂ぐる筈に取り纏め置候間、御安心被下度候。

閣下の宣言書の件委細承知仕候。乍去先以御詔勅の案を作り其上にて起案可仕と存居り候間、右様御含み置被下度候。兵器、弾薬、満蒙問題、袁望帝説の如き御来示の趣き小生も一々御同感に御座候。乍去現政府の如き万事引き込思案にては迚も解決覚束なきことゝ被存候。就中支那の現況に対しては内部に確然たる決心と見込を立て、而して当分知らぬ振りを装ふて暫く今後の成行を観察する方得策の様に被存候。

今日長谷川元帥及陸軍大臣より、来る十月初め梅沢中将後備役に編入と共に明石中将其後任に相成筈に付、小生には明石中将の後任者たる事に内定致したるを以て、今より申続きを受くる様との内命に接し候。固より辞退致す筋には無之候得共、公務上には閣下と衝突することなきを保せず、其辺は予め御断はり致し置く旨を大臣に申述べ、明日より内分に引き続きを受くることに約束致候。明石中将は大分故参にも有之、又軍監統御の経験乏しき人なれば本人の為めには誠に好都合に候得共、小生亦将来の為めには今日師団長の職務を経由するを得策と相考へ申候。乍去人事上の都合なれば致し方も無之、出来得る丈けは陸軍全班の為めに貢献致し見る積りに御座候間、万事御指導を賜はり度御願申上候。満蒙関係も参謀本部より作戦上の要求として提議致候ても可然と被存候。其節は委曲閣下に御報道仕候て御指教相仰き可申と存候。

閣下には嘸御迷惑の次第と存候得共、例の岡田の武蔵電鉄は不日期限満了と相成る趣きに付き更に延期を願ひ出居り候由、是には陸相も大分口添へを致し居る模様に御座候。古川は延期に反対し、添田は考慮中との趣に御座候。就ては陸相より岡田への注意に閣下より添田に延期承認の事を口添へ被下候得ば有効ならんと申述候由、因て岡田より右の趣き閣下に御願致し呉るゝ様と例の通り屡々懇願致し来り候間、閣下若し不都合なきことゝ思召され候得ば、添田へ簡単なる電報にても御遣はし被下候得ば、本人の幸福と存候。此件に関しては小生も突き放ち難き行掛りと相成、甚だ迷惑致居り候間、来月御帰京被遊候際閣下の御口添にて何卒絶縁致し度と存居り候。

先は御返報旁要件申進候。其内時節柄御自重被遊度奉祈候。恐惶謹言

九月十四日　義一

寺内閣下

甚だ恐入候得共奥様へ宜敷御願申上候。

乱筆御海容奉願上候。


〔註〕封筒表「寺内閣下」、封筒裏「田中義一」。封筒表に「九月十八日　正毅」と書き込みあり。

46　大正(4)年10月13日

昨今御繁用に係らず益御壮健に被為渡候由、大慶至極に奉存候。降て小生儀も録々瓦全罷在候間、乍憚御放念被成下度候。

過般転職の砌りは結構なる品を頂戴仕、御芳情肝銘仕候。御承知の通り不肖其任にあらざることは自覚致し居り候得共、精々努力職責を全ふする心得に御座候間、倍旧の御鞭撻を賜はり度奉願上候。

早速ながら急を要する問題は支那之帝制に対する帝国の主義を決定する事に御座候。就ては一両日前陸軍の意見として適当の時機に帝制を承認し、尚ほ之を援助する意味を以て我権内にある革命党及之に附随する人物を厳重に取締り、若し擾乱発生したる場合には帝国は自衛的に我利権を保護する覚悟を要すると云ふ主張を陸相に交渉し、陸相は右の主張を持して明日の閣議に臨み、大体の根本主義を確定する筈に御座候。尤とも予め擾乱の為めに日本の利益を侵害せられざる様の注意を望む旨の意味を通告することを併せて提議する筈に御座候。

軍人会大会の儀は着々進行致し居り、聖上が在郷軍人を御親閲あらせらるゝと云ふ形式の下に段々好都合に相運び候間、御安心被下度候。万端御帰京の際委曲御報告可申上、書類等は目下準備中に御座候。

小生は今夜大演習地に出発仕候間、帰京後更に御報可申上候。

乍筆末奥様へ宜敷く御願申上候。恐惶謹言

十月十三日　義一

寺内閣下

〔註〕封筒表「寺内閣下　親展」、封筒裏「田中義一」。封筒表に「十月十六日」と書き込みあり。

47　大正（4）年（11）月12日

謹啓　当節は大分冷気も加はり候処、別段御異状無之候哉、大演習御陪観中一入御入念被遊度候。降而小生儀も目下機動演習施行中に候得共、健康は益良好に御座候間、乍恐御放念被成下度候。甚だ御迷惑被遊候儀とは存候得共、彼の岡田治衛武の電鉄問題に付従来の行き掛り上、兎角口添へ等の助力を持ち込まれ、昨今早川千吉郎が少し肩を入れる様に相成候て聊か成功の曙光を観る様に相成候。就ては早川が今、明日頃には下坂可致由に候間、折能く御面会被遊候機会も有之候得ば、閣下より早川に適当に助力を与へよとの御言葉を御添へ被下候様に小生より閣下に申進み呉るゝ様との岡田より切なる依頼を受け候間、御含み被成下候て、都合能き場合も候得ば願意御聞届遣はされ度奉願上候。

過日出発の砌り電報にて申上候次第に有之候間、御陪観相済候上は是非共御上京被遊候様不堪懇願候。

以上用事の次第のみ乍失礼得御意度候。恐惶謹言

十二日　　群馬藤岡に於て　義一拝

寺内閣下

〔註〕封筒表「演習統監部　〔陸〕軍大将伯爵寺内正毅殿　願親剪」、封筒裏「田中陸軍少将」。

48　大正(5)年(2)月7日

謹啓　二月二日御認め相成候御芳書昨六日安達公使より確に受領仕、他の書類と共に拝誦仕候。先以て今回の御接待役も至極好都合に相済、為邦家大慶至極に奉存候。且つ長時日間の御心労推察余りある次第に御座候。其後は過日不取敢電報仕候通り、外相も「コザコフ」に対する返答の致方に付き各方面に不同意多く、彼是陳弁致候得共、何人も誠意を認むるもの無之、因て彼れは更に一歩を進めたる同盟的協商案を起草致候得共、是迚も兵器問題に引き続きたる還元問題にて到底内閣の瓦解は免れざるものと速断し、一種の申し訳的にして真実決行の心組は無之様に相見へ申候。乍去此問題は別としても、還元問題の為めに予算不成立と相成、貴衆両院の確執を慝(ママ)起し、是れが原因にて直に内閣の瓦解は前途の為め甚だ憂慮す可きことゝ存候に付き、極めて内密に首相と老公の間に緊密なる意思の疎通を遂け、議会終了後首相の引退を条件として老公の帰京周旋を懇請せしめ、遂に過る三十、三十一日両日間に往復して愈々一日老公の帰京と相成、老公は更に一歩を進めて貴族院の両三名には其事情を打ち明かすと云ふの条件を以て周旋を引き受けられ候。乍去其際老公は、首相引退後の伯自身の始末をも引き受けられ、是れにて貴族院の方も一先つ落着致したる次第に御座候。小生が首相と老公の間に意思の取次きを致す際、首相は暗に閣下に後を譲るの意味を示されたることも有之候。又老公は過る一日伯と会談の際、後は超然内閣を組織せしむる必要ありと暗に閣下の事を示され、伯も之を承諾致されたる模様に御座候。

其故老公も今回は余程骨を折られ申候。要するに予算の不成立を防ぐは絶対に必要なると共に、大隈伯を将来対手に取らず、後継内閣の援助たらしむる位置に立たしむることも絶対必要条件と被存候。而して貴族院は首尾克治まり候得共、老公は三日より例の激しき腸加答児を発せられ一時は大分重く有之候得共、昨今は余程宜敷く最早平熱の由に御座候。小生も折悪しく矢張り三日より流行感冒に罹り候得共、併し昨日より平熱に復し一両日中には出勤致す心得に御座候。其故電報のみにて御書面も延引仕、且つ安達公使にも未だ面談し得ざる位に御座候。尤とも石井外相並に大隈首相へは書面を以て促進致し置候得ば、多分近き内には何とか発端を開かせ得ること丶存候。要するに石井も内閣小康の景況なれば何とか致さゞるを得ざる破目に立至り居り候。又此度老公の周旋には予め平田子爵と小生と打ち合せ置き候故、誠に好都合なりしのみならず、平田子の尽力は大なるものと存候。之に反し後藤男爵の表裏反覆の態度には元帥も愛想を尽されたる様子に御座候。此処に不快至極なるは予算不成立に陥らんとするに際し、陸軍大臣は全く無頓着にて引き籠り、次官は何事も関知せずして傍観致居ると云ふ仕義に御座候。閣下と「コザコフ」との会談は一見閣下が云ひ過されたる観有之候得共、此云ひ過しは事件の促進に大なる効果あること丶存候。今日の如く各方面とも用心駆け引きのみ致し居り候ては容易に発展不仕、結局駆け引き倒れと可相成様気遣ひ居る折柄、閣下の素破抜は各方面を余儀なき破目に導き得ること丶小生は喜び居る位に御座候。又是れは元帥は勿論、首相、外相、陸相等へは示し、臍を固めさす積りに御座候。元帥は心中却て喜ばる丶こと丶被存候。

川嶋の書面は小生方へも同一の書面参り居り候。元帥の方へも同様と存候。乍去満蒙に事端の発生することは万々有之間敷と被存候。蒙古の方は多少の事は已を得ざる儀に有之、又大局に大なる影響は無之事と存候。要するに川嶋等は何とか粛親王を日本扶掖の下に起たしめたく運動致し居り候得共、未だ其時機には無之のみならず、甚た覚束なきことゝ被存候。乍去幾重にも御来示通り注意は可致候間、御安心被遊度候。何れ一両日中に出務仕る積りに候間、其節委曲取調べ候て万端御報導可申上候。草々乱筆御海容被下度奉願候。恐惶謹言

七日　　　　　　　　　　義一

寺内閣下

〔註〕封筒表「寺内閣下　極秘」、封筒裏「田中中将」。封筒表に「要存　二月十日　正毅」と書き込みあり。

49　大正(5)年(2)月13日

謹啓　爾後益御勇健に被為渡候段為邦家大慶至極に奉存候。降て小生儀も録〔碌〕々罷在候間乍憚御放念被下度候。扨日露間の例の問題も屡外相を督促の結果、大概当方の主張通りに相成、陸相は転地不在中に候得共、愈々本日各方面の意見を取り纏め、元帥も大に満足せられ、明日は閣議を開き、明後日上奏して直に発送する筈に相成候間、大公が露都到着前には到着しあることゝ存候。協約は公開するものと秘密の分との二種に別ち、秘密の方は支那に於ける優越権を日露協同して擁護すると云ふことを以て骨子となし、全然攻守同盟に御座候。又鉄道の件は彼れより自働的に、是迄日本の尽したる好意に酬ゆると云ふ形式に於て、ハルビン以南を相当代価を以て日本に譲り渡し、日本は此好意を諒として兵器の供給を

或程度迄考量すると云ふ形式に御座候。要するに総て何事も陸軍の主張通りに相成候間、御安心被下度候。何れ一両日中に各書類を謄写して御送附可申上候。

過般対貴族院関係の事柄を申進候処、其後平田子に会見して協定の事情を逐一承はり候処、随分難渋なりし由に御座候。乍去以心伝心に前廻〔回〕申進候事情相分り候故、漸く其れにて纏りたりとの事に御座候。而して協定案も寧ろ政府与党案とでも云ふ可き行き掛りと相成、却て好都合なりしとの事に御座候。又首相引退の場合には政党の分野も（政府与党）大分変化す可く、公友倶楽部は大隈伯に随伴するものと考へ、同志会内にも多少変化を生す可く、大隈伯が反対の立場に立たざる限り政界の始末は寧ろ容易ならんとの観測は、小生も平田子も同一の見解に御座候。平田子は今回の事情は委細小生より閣下に報告致し呉るゝ様と特別に依頼せられ候間茲に改めて申進候。此平田子の依頼と云ふことは閣下も大に意味あることゝ御酌み取り相成度候。又平田子は此事を小生に依頼せしことを小生と対談の翌日即ち七日元帥に話されたる由、之れは元帥より承はり候。又過る八日首相と会見致候際、近頃は寺内伯と相互に意見接近し来りたる故、伯が当局者たる場合には大に之に助勢する考へなりと迄申され候。近来の事情右の如く好都合に相運び候に付ては、老公の苦心は容易ならざる事と存候。又一般の空気も最早閣下に待つの外無之との場合にも有之、就中平田子も閣下を推すの外無之と考へ居ることも明瞭に候間、閣下も或る場合が来る其節は已を得ざる次第と今より御覚悟、且つは相当の御心構へは可然と被存候。右の事情は過日児玉伯へは概要申述べ、尚ほ政党界の観測を怠らざる様と附け加へ置候。要するに天が閣下に機会を与へたるものと考へられ候間、此機会を捉へて為邦家抱負を試みらるゝは是亦自然の要求に御座候。

袁世凱も帝政を急ぎたる結果、近来人心日々離反し、彼の腹心と思ひ居りし者迄弐心を抱く様に相成、形勢は余り楽観を許さゞる状況に御座候。或は彼れは形勢の非なるを覚らば、自ら大総統をも放擲して身を全ふするの策に出つるやも知れずと気遣はれ候。要するに此処数週間にて大勢の見込相立ち可申と存候間、日本は根本に於て如何なる方針を取る可きかを決定し、其後如何に変化するとも其決定を動さゞる如く遇〔邁〕進するの外なしと、本日外相とも相談致し候。袁の境遇変化する場合には、日本亦彼れと心中は出来不申、兎に角更に新なる一の経路を案出するの外有之間敷と被存候。先は右の事情不取敢申進候。其後時候柄精々御自愛遊され度奉願上候。恐惶敬具

十三日夜　　　　義一

寺内閣下

〔註〕封筒表「寺内大将閣下　極秘」、封筒裏「田中中将」。封筒表に「二月十七日接　正毅」と書き込みあり。

50　大正（5）年（2）月19日

謹啓　十二日附の御芳書正に拝読仕候。先以て益御勇健に被為渡候段珍重不過之候。降て小生儀も間もなく恢復仕候間、乍憚御放念被下度奉願上候。別紙二通の協定文写御送附申上候。此際何とか成立致させ度切望に堪へざる次第に御座候。外務省の観測にては、露国首相の交迭は何等外交上に変体を来すことは有之間敷くと申居り候。

閣下対「コザコフ」の書類は参謀総長の外何人へも示さず元帥の処へ止め置き候間、御安心被為遊〔度〕候。外相、陸相等へ示し候ては何かと誤解を惹〔ママ〕起するの恐れも有之、要は協約が成立することを希望するに過ぎずして、已に其運びに相成候上は他に示す必要なきことゝ存し、右様取計ひ致候。後藤男爵には未だ面会を得ず、何れ両三日中に面会致す筈に相成居り候間、其節更に御報可申上候得共、有地男爵の話には近来後藤男は各方面より疎外せらるゝ気味有之候。為めに何事にも俗に申す「アセル」と申す風にて、之れが又却て他の嫌悪を招く一因を為すとの事に御座候。政友会辺にても段々疎外致す様子に御座候。何れ直接後藤男に面会致候て、単力〔刀〕直入に聞き質し可申と存候。山県老公は兎角御恢復渉〔捗〕々しからず、皆々心配致居り候。乍去只今の処状況不良と申訳には無之候得共、恢復遅き為め衰弱の来るを恐るゝ訳に御座候。

支那の状況も段々倹〔険〕悪に相成候間、此際断然たる方針を決定して状況の推移を指導すると云ふことは日一日と切迫し来る様に被存候。

過日御電覧を願ひ置候壮丁読本に御教示を仰ぐことも有之候得ば御申聞け被下度、近き内に出版可致と考へ居り候。

右要事のみ申進候。其内時候柄御自愛被遊度奉願上候。恐惶敬白

十九日　　義一

寺内閣下

追陸相は議会閉会と共に辞職致すことゝ相成居り候間、此段申進候。

〔別紙１〕

秘密ノ分

第一条

両締盟国ハ支那国カ締盟国ノ一方又ハ双方ニ対シテ侵略ノ趨向ヲ有スル第三国ノ政事的掌握ニ帰スルカ如キ事態ヲ以テ締盟国各自ノ緊切ナル利益ニ対スル侵迫ト認ム

第二条

両締盟国ハ支那国ニ於テ前条ニ記述セル事態ノ発生スルコトヲ防止セムカ為メ必要ニ応シテ随時隔意ナキ意見ノ交換ヲ行ヒ双方ノ執ルヘキ措置ヲ共同ニ考量スヘシ

第三条

締盟国ノ一方カ第二条ノ規定ニ依リ双方合意ノ上ニテ執リタル措置ノ結果第一条ニ記述セル第三国ト交戦スルニ至リタルトキハ他ノ一方ハ請求ニ基キ其ノ同盟国ニ援助ヲ与フ可ク此場合ニ於テハ講和ハ双方合意ノ上ニ非レハ之ヲ為サス

第四条

両締盟国ノ一方カ第三条ノ規定ニ依リ他ノ一方ニ兵力的援助ヲ与フヘキ条件及其ノ援助実行ノ方法ハ両締盟国当該官憲間ニ於テ協定スヘシ

第五条

本協約ハ調印ノ当日ヨリ直ニ実施シ（　）年間効力ヲ有ス

第六条
両締盟国ハ本協約ヲ厳ニ秘密ニ附ス可シ

〔別紙2〕
公開ノ分
第一条
両締約国ハ極東ノ地域ニ於ケル両締約国ノ領土権及特殊利益ヲ保全センカ為何時ニテモ必要ノ場合ニハ其権内ニ於ケル一切ノ平和手段ヲ尽シテ相互ニ友好的ノ援助及協力ヲ為スヘキコトヲ声明ス
第二条
両締約国ハ孰レモ他ノ一方ニ対シ侵略的目的ヲ有スル何等ノ協定又ハ聯合ノ当事国トナラサルコトヲ約ス

〔註〕封筒表「寺内大将閣下　極秘」、封筒裏「田中中将」。参謀本部用〔印〕

51　大正(5)年4月9日

拝啓　気候も段々順当に復し候処、閣下益御勇健に被為渡候段、大慶至極に奉存候。降て小生儀も何等故障も無之職務に鞅掌罷在候間、乍憚御放念被下度候。
当節は師団長会議等にて取り込勝に御座候得共、別段変りたる儀は無之、新陸軍大臣も就職後勉励致し居り候。

露国関係問題も御来意の通り、譲渡区域は第二松花江北岸「ダライジヤヲ」停車場迄とするは已を得ざる事とするも、交通の便利と敏活を計る為めハルビン迄使用することを承諾致し呉るゝ様外務省も同意して交渉中に御座候。尤とも使用を承諾する以上、軌道を日本式に改築する事は余儀なきことゝ承知し呉るゝ様との意味を附へ〔ママ〕加置候。又同盟協約の方は彼れ露国は日露協約にあらずして、日英露仏の四国同盟協約を希望し居る様に相見へ申候。是れは彼の対案にて明燎〔瞭〕に判断し得らるゝ事に御座候。就中同意し難き点は、日本が支那と何等か条約を締結せんと欲する場合にも露国の承諾を要するが如き条項の存する点に御座候。是れは日本の支那に対する自由行動を拘束せらるゝものにして、支那を聯合国の中に引き入れる事に反対しある日本は、是れが為めに自ら拘束せらるゝ結果となり不利益無此上事と存し候。此条項以外大なる不同意を表する点も無之、大体日本の提案を具体的に致したるものと見て差支へ無之位いに被存候。此返答は未だ発送は不致、目下各方面の意見を纏め最中に御座候。

対支問題に関し種々御苦心の次第も可有之と存候。委細は立花中将に委曲申述置候間、御聞き取り被下度候。大体に於て今日の勢ひ袁を支持するは不自然にして、却て事体を紛糾せしむる結果と可相成、今日迄の経過に就て観察するも過般の帝制取り消しと云ひ、将に退位せんとして英公使モリソン等の忠告に因て思ひ止まり、更に権謀を用いて日本を中傷し、以て爰〔妥〕協に利用せんとして、是亦不成功に終り、益南方の気勢を高め、遂に威力を用ひんと決心したるが如き、多智多巧なるも、大なる人物には無之様に被存候。人をして彼れは支那第一流の統治者にあらずして、寧ろ彼れ在るが為めに支那の治安を撹乱せらるゝにあらざるかを疑はしむる位に御座候。近来彼の行動に徴して袁の同情者も失望せざるを得ざるが如き始末と相成、是亦勢の趣く処如何とも難致次第に存候。英本国政府の当局者は最早袁の統治力なきを認め、日本を誘ふて調停を希図し、日本の意嚮を探り候も、日本は支那の内政に干渉するの意なきを以て体能く謝絶致し候。乍去在北京の英使臣は個人的関係も有之、種々袁に忠告を試み、帝制取消も其結果にして、却て袁を失墜せしめる〔ママ〕たる次第に御座候。尚ほ時勢推移の状況は時々御報申上置候間大抵御承知被遊候事と存候得共、委曲は立花中将より可申述候。

山県元帥も過る三日頃より風邪の気味に御座候処、昨今何か余病も出来致したる模様にて皆々心配致し居り候。先月廿六日大隈伯元帥を訪問せられ種々今後の相談も有之候由に候得共、伯は意外にも前言を食したる次第と相成、元帥も大分不快を感せられ候。元帥は飽迄閣下ならでは時勢に応する施政者は無之と主張せられ候。此会談は予期の結果と云ふ訳には無御座候得共、畢竟余り遠からぬ内に交迭は免れざる事と被存候。此事は元帥と伯との間に厳秘の約束有之候間其含みにて奉願上候（元帥は伯より閣下を推撰せらるゝならんと予期せられたるに反し加藤を推撰せり）。

壮丁読本は出来仕候間御電覧を賜はり度、御心添被下候場所は大体修正仕候。小生は全国の各分会、地方官衙及各中等学校へは無償にて配布致す積りに御座候。甚だ御迷惑の事かと存し被申候得共、朝鮮の各地方へは閣下の御手許より普及致し候様御取り計ひを賜はり度、是れが為め四、五千部程総督府の方にて御買上げ被下度奉願上候。小生の自費にて分配致す数は一万六千部計りに相成候間、朝鮮の方へは手廻り兼ぬる次第に御座候に付、宜敷く御配慮を賜はり度奉懇願候。

青年の元気振興事業も軍事会と伴ふて大体順境の気運に向ひ候間、国民の思想を転換して国民皆兵の主義を撤〔徹〕底せしむるは今日の機会を逸す可らずと種々苦心罷在候。其内精々御自重被遊度、為邦家奉願上候。恐惶謹言

四月九日　義一

寺内閣下

〔註〕封筒表「寺内閣下　親展　〔別筆〕切り損じて少しく開封す（大藤）」、封筒裏「田中中将」。封筒表に「四月十弐日接　正毅」と書き込みあり。

52　大正（5）年（5）月9日

謹復　尊書拝誦仕候。益御勇健に被為渡候段恐悦不過之候。降て小生儀も頑健に罷在候間、乍憚御放念被成下度候。

御来示の段一々敬承仕候。固より憂国の御熱誠に因り上原大将へも御伝言被遊候次第は能く承知致し居り候間、其れが為めに何等介心の儀は無之候間、何卒御懸念被成下間敷奉願上候。乍去閣下の対支問題に関する御主旨は嘗て袁世凱保持に存せし事は承知致居り候得共、今日の勢今更手を反す訳にも不参、今日の情勢に考へ並に今後の処置に関する御意見は未だ承はり不申候間、何卒御腹蔵なき御主旨御洩し被下候得ば幸甚に御座候。

将校補充の件に付き御配慮相成居り候趣、右は第一各師団長の意見を徴する必要無之、従て是に因て決

定す可き筋合にも有之間敷と存候。小生は始めより下士より将校と同列に進むる主義に反対に有之、飽迄准将校に止める考へにて、御主義は各師団長が如何に論議せられ、陸軍省が如何に主張するとも絶対に反対致し、今日は最早陸軍省、総監部も当方の主張に同意致し、其主義にて調査進行中に御座候間、御安心被下度候。

壮丁読本の件は誠に難有御礼申上候。御配意に因り地方に分配の部数も大に増加致し、此事業の発達上多大なる利益を得候間、謹て御礼〔申〕上候。御手許へは大藤宛一千部発送致置候間、宜敷く御願申上候。

明後十一日各地方長官を霞ヶ関離宮に於て総裁宮殿下より晩餐に召さるゝことに取計ひ置候間、是亦御承知置被下度候。軍人会の方も段々順境に発展致し、青年団も各地方に勃興致し、其気運は余程向上致し来り候間、此際多大なる努力を要すること丶存候。大に尽力致し居り候間、御安心被下〔度〕奉願上候。

先は御礼旁要件御返信仕候。其内御自愛被遊度奉願候。山県元帥も熱は全く去り候得共、血尿は未だ全く止まらざる様子に御座候。今日は其方が心配に候得共、医師は余り重く考へ居らざる由に付、一先御安心被遊度候。乱筆失礼の段御海容奉願候。恐惶謹言

九日　義一

寺内閣下

〔註〕封筒表「寺内大将閣下　親展」、封筒裏「田中中将」。封筒表に「秘了　五月十五日　正毅」と書き込みあり。

53　大正（5）年（5）月□日

謹啓　近来気候兎角に不順に御座候処、益御勇健に被為渡候由、恐悦至極に奉存候。降て小生儀も依旧職務に鞅掌罷在候間、乍憚御放念被下〔度〕候。

山県元帥も漸次快方に趣〔赴〕［か］るゝ様に候得共、何分御老体の事にも有之、御快気捗々敷らず、皆々苦慮罷在候。特に元帥御自身は非常に苦心せらるゝ模様相見へ申候。万事念頭を去りて御静養相成候様申進候得共、御自分は是非共仮令血尿の儘にても一応帰京して、過般大隈伯と談話の一条を解決致し度しと申され、各方面の事に御苦心不一方、乍今更御気の毒千万に存候。又大隈伯は何事も山県公に信頼せらるゝ風に有之、山公の帰京を待て自分の進退を決せらるゝ覚悟は疑なき儀に御座候。而して各種の調査会並に地方官の交迭等は退避の意思なきを証するものには無之、寧ろ退避の意思あるを掩はん〔と〕する手段とも相見へ申候。且つ又過般老公と会見の際、後任推挙の一条も必ず固執するの意思は無之様相見へ申候。寧ろ山県公の意思に従て更に将来の安定を企図せらるゝ下心と被存候。是亦殆んど疑ひなきことゝ相信せられ候。其故一日千秋の思を以て山公の帰京を待ち居らるゝ次第に御座候。然るに此際山公の御不快は万端の国務に影響する訳に有之、実に遺憾至極に御座候。乍去昨今の模様なれば今月中には何とか希望の端緒を捉へ得ることゝ被存候。

岡前陸相は最早不治の病症なること判明致し、此処一両月の生命なる由。実以て気の毒の次第に御座候。内実は兎も角彼の陸相時代は難問も片附き、且つ波瀾多き時節にも有之、何とか生前適当の御恩命に浴し得る様と心配罷在候。

対露問題は其後仲々進捗不致、鉄道に関する件は到底松花江以北譲与の要求を貫徹するは望みなきものと被存候。又協約に於ては条約文を以て日本の支那に対する自由意思を拘束し、支那に対しては何事も露国の同意を得るにあらざれば為し能はざる如き立場に置かんとの底意相見へ申候に付き、是れに関する条文を削除することに付ては目下交渉中に御座候。要するに鉄道は彼の云ふ如く結局松花江迄とするも可なり、兵器は鉄道問題の如何に関せず譲与す可く、協約は飽迄支那に対する自由意思の拘束を受けず、是れが為め協約不成立に終るも致方なしと決心致し居り候。尤とも露国は日露の同盟協約を日英露仏の四国同盟協約的に為さんとする意思有之様被存候。是れには絶対反対を表するに及ばずと存候。右は政府も亦同様の考へなりと御承知被下度候。

支那問題は大抵各種の情報にて御承知の通り、袁の境遇は最早凌ぎ難き難路に遭遇したるものと被存候。今は彼の境遇を救ふの方法は施し難く、唯袁に代りて段、馮及南方の争ひと相成申候。乍去大勢上彼等の約法に従ひて将来を利導すると云ふ事が不取敢我国の執る可き方針かと被存候。我国の要望は日支間の結合を鞏固ならしむると云ふ主眼を徹底せしむる事大局上の利益にして、個人に対する感情は勿論利権問題等を彼是論議す可き時には無之、従て宗社党問題等も他日の問題として、今日は寧ろ念頭より取り去り候方適当の様に被存候。二兎を追ふ者は一兎を得ずと申す如く、両天秤の政策は失体の基と被存候。茲に小生として甚だ遺憾に存候儀は、今回の対支問題に関する仕事は小生隠微の間に総長にも知らせず陰謀的に行ひ居る様に被思召、又此趣を以て総長に閣下より御注意を与へられし由。凡そ事国家全体の政策に関係し且つ陸軍としては統一的の意思に基き各方面の行動を律す可きものたるは疾く銘心致し居り候次第に有之、然るに陰謀的に国事を弄し、不軍紀的に陸軍首脳部の業務を執るものと思召され候様にては実に心外此事に御座候。総長も閣下の御注意を受けて却て不快を感し居る模様に御座候。今日は政府の政策に基き陸海軍、外務共に一点不統一の行動は無之、皆是れ熟議の結果に御座候。況んや参謀本部内に於て右様の事柄は絶対に有り得可らざる事に御座候間、其辺は余り御懸念被成下間敷奉願上候。政策上に就ては閣下の御見込と相違の点も可有之、其辺も疾く承知致し居り候得共、政府の決定せし政策を遂行するは我々の責務と心得居り候間、其辺は御了解を賜はり度御願申上候。

今回編成表も多少改正致し、大分人事上の方途も相附き申し、尚ほ近々研究を積み軍事上の改善を計る見込に御座候。然るに山県公は段々老境に迫られ、前途に陸軍の中心を失ふ様な事ありては不相成、其辺にも心痛罷在候。山県公も能く其辺の意味は御了解相成居り候。

壮丁読本も段々各地方に普及せらるゝ様に相成、時勢は此主旨の徹底を要求する時機と被存、人意を強くする次第に御座候。

先は御機嫌伺旁要件のみ申進候。何卒此際一入為邦家御摂養被遊度、申も疎に御座候。恐惶謹言

義一

寺内閣下

追て近来又々国有鉄道を半官半民の事業に移すと云ふが如き愚論を唱ふるもの鉄道院辺に有之、薄志弱行と申す可きか、誠に困却の次第に御座候。乍去是れは決して成立は致さしめずと存候。

〔註〕封筒表「寺内大将閣下　親剪」、封筒裏「田中中将」。参謀本部用（印）　封筒表に「五月第六日　正毅」と書き込みあり。

54　大正(5)年(7)月26日

拝啓　御静養中に別に御変りも無之候由珍重に奉存候。小生儀昨夕山県元帥の召命に接し直に参邸、今朝一番の急行列車に隈侯と同乗して、公より御下命の閣下より公に御返答相成候要領を隈侯に伝言致す使命を相果し、直に帰京仕候為め御見舞も不申上、不本意此事に御座候。山公より廿二日三日四日の三日に於ける各閣下方御会談の模様委細拝聴仕候。隈侯に山公の御伝言申述候際、長時間の談話に於て小生の感得したる事柄としては隈侯は山公との意思も能く疎通し、閣下も自分の精神は了解し在らるゝが故に、今回の局面は別に紛擾を醸すことなく転換し得ることゝ楽観せられ、山公帰京後今一応寺内伯を加へて我々三人懇談を遂ぐれば、内外の現状を考へて伯も大抵は我々両人の勧告を容れらるゝならんとの言葉も有之、何処迄も閣下を説得する積りに御座候様被見受候。而して隈侯は閣下を起たしむる外、胸中別に予備計画を持ち居らるゝ様には観察せられず、極めて単純なる様に被存候。又加藤子爵とは矢張り前以て多少の打ち合せは有之様に被推察候。特に山公が加藤子に対して余り悪感情を持れざるを確めたりと大に喜び居られ候。是れが侯をして楽観せしむる種子なる様に被存候。閣下に於て局に当ることを辞せざる思召も有之候得ば、御話し合の都合にて内命を拝すれば、先づ加藤子に相談す可しと云ふ条件位いにて隈侯は挙国一致なる閣下の名義を尊重し、閣下と共に加藤子を召させらるゝと云ふが如き事は撤廻〔回〕せらるゝならんかとも推測せらるゝ程、一図に閣下ならではと考へ居らる様に被見受候。乍去閣下としては貴族院との関係は其れにて支障無之御見込に御座候哉。此方が如何に可有之か、其辺は山公よりも不相伺候得ば申述ぶる由も無之、仮りに其方が一切顧慮を要せずとの情況とすれば、御内命後の処置は主義にあらずして手段に属する次第に付き、左程閣下が重を置て御考量遊ばす程の事には有之間敷、処謂る渡りを附けるに政同何れを先きにするかと云ふ小問題に帰着可致と被存候。何れに致し候ても世間の空気は閣下に集中しつゝある折柄に候得ば、同志会は強いて自ら求むる態度を避けあるも、其実随分苦心致し居る様子に聞き及び候。去り乍ら閣下も局に当ることを辞せざる思召とすれば、或る程度迄は寛容に包容遊され候方挙国一致の御主義にも相叶ふ様に被存候。幸に御考量を賜はらば邦家の幸福不過之と存候。

右不取敢情況の御報告迄。草々恐惶謹言

廿六日夜　　義一

寺内元帥閣下

過分の申条、乱筆不文御海容被下度奉願上候。

〔註〕封筒表「相州箱根富士屋ホテル　元帥寺内正毅閣下　親剪」、封筒裏「東京参謀本部　田中陸軍中将」。

55　大正（5）年（8）月31日

謹啓　昨夜は遅く迄御無礼仕候。

上原大将を以て松方侯の意見を確め候処、侯爵は閣下の主持せらるゝ御意見には至極賛成し居らるゝ趣に御座候得共、唯閣下が苟も此際局に当ることを辞せらるゝが如き口気を他に示されざる様呉々希望に堪へず、御内命あれば決して辞退するものにあらずとの強き意気込を以て他に接せらるゝ様との主旨に有之、是れは畢竟他に閣下の口気を利用せんとするものあるを心配せられての事と被存候。

右先刻上原大将より承はり候儘不取敢御報申上置候。恐惶謹言

三十一日　　義一

寺内元帥閣下

追て、山県元帥は予定の通り本日午後御帰京相成候。

〔註〕封筒表「麻布笄〔笄〕町　寺内元帥閣下　秘密　差置き」、封筒裏「田中中将」。

56　大正(5)年(10)月4日

謹啓　承はり候得ば少々御下痢の催し有之候趣き、此際御大切に被遊度、申も疎に御座候。

昨日御申聞けの一条は、平田子爵とも打合せの上、入江を以て老公へ申進置候。今朝入江は御宅へ参上致候由に御座候得ば、御聞取り被遊候儀に存候。老公は其場合に閣下が余り困難なる事を持ち出されは致す間敷哉と心配致され候由に御座候。就ては甚だ恐れ入たる申条に候得共、右の際には成る可く淡泊〔白〕に挙国一致の御本領と、各元老の好意的援助を喚起せらるゝ御言葉位いに御止め置き被遊候ては如何に御座候哉。甚た差出ヶ間敷申条に候得共、幸に御海容被下候て、御考量を賜はらば、為邦家幸甚の

至に奉存候。草々恐惶敬白

四日　　義一

寺内閣下

〔註〕封筒表「麻布笄〔笄〕町　寺内元帥閣下　極秘　至急」、封筒裏「田中中将」。

57　大正(5)年(10)月5日

謹啓　委細山県公に御報道申上候処、閣下には一身を君国の犠牲に供する御覚悟と、明日は是非共此問題を順当に解決する思召を以て御懇談被為遊候様切望に堪へざる旨、伝言致し呉るゝ様との御依頼に候間、乍失礼書中を以て右申進候。恐惶敬具

五日　　義一

寺内元帥閣下

〔註〕封筒表「麻布笄町　寺内元帥閣下　秘書　差置」、封筒裏「田中義一」。

58　大正(5)年(10)月7日

謹啓　仮りに閣下が政友会と御提携相成場合相生したるものと想定して、其れとなく其際に於ける政友会の体度を各方面に就き診察候処大抵は所望に近き容体なる様に被存候間、必要の場合には御試み相成候て落度は無之儀と存候。乍去昨今の如き渾沌なる状況の間に処する最適の手段は、諸種の情報、疑問

に捕はるゝことなく、先づ自ら考へ自ら定めて情況を其方針に導くと云ふより善きは無之、亦間違も無之、而して形勢非なりと認むれば之を棄てゝ顧みざる澹泊なる態度に可有之様に被存候。是れは多年経験深き党界の一人物が述べたる言葉に御座候得共、余程味ふべき以て他山の石とするに足るものと思ひ候儘甚だ失礼に御座候得共、添へて申進候。恐惶謹言

七日　義一

寺内閣下

只今山県元帥より九日午前に御待致す旨閣下へ伝言呉れ候様との御依頼有之候間、此段申進候。

〔註〕封筒表「寺内元帥閣下　必親剪」、封筒裏「田中次長」。

59　大正（6）年4月30日

謹啓　其後益御多用に被為渡候儀と奉存候。降て小生儀も愈々明一日出発仕候間、右様御承知被成下度候。随分御機嫌克被為在候様奉願上候。

過般申上候露国関係は軍事上の見地より書類を以て申進す可く起案致置候間、不日進呈可仕と存候間、何卒御電覧を賜はり度候。

陸軍の充実案は根本的研究を遂げ、三官衙の各機関間には協議相整ひ、各長官に報告致し置候間、此段内分に〔関〕御含み置き被成下度、何れ異日大臣より可申進候。大抵は今回欧州戦の教訓と実験に鑑み、御内意の旨を体し、約半歳間研究致したる結果に御座候間、根拠ある立案と自信罷在候。某人より洩れ聞く処に因れは、薩人士は他日来る可き平和会議の使節には、山本海軍大将を差遣する底意を以て何等か運動の端緒開き居るとの儀に御座候間、御含〔み〕き置き可然儀と奉存候。

其内益御政務多端の折柄に候間、随分御自愛被為在度奉懇願候。恐惶謹言

四月卅日　　義一拝

寺内元帥閣下

〔註〕封筒表「麹町永田町　寺内元帥閣下　必親展」、封筒裏「田中陸軍中将」。封筒表に「了　五月一日」と書き込みあり。

60　大正（6）年（6）月（18）日

謹啓　追々炎暑の候に差向ひ、且つ国事多端の折柄、益御勇健に被為渡候段恐悦に奉存候。降て小生儀も無恙旅行を継続仕候。昨日当地に着仕候。当地の用事終れば大連、旅順に参り、更に京城経由にて来月四、五日頃には帰京仕候心得に御座候。今回の旅行は支那の混乱最中にて、研究にも相成、亦多方面の人物にも接触致し、個人として助言も試み、真相の看取と将来の対支国策には一の自信を得たる積りに御座候間、何れ帰京の上委曲御報告可申上、折柄外交調査会も成立致し、誠に結構の御儀と奉存候。兎に角此際我国策を決して独り支那のみならず、世界大局面の変化に応するの御準備は切に肝要の儀と被存候。支那今回の混乱は段騏〔祺〕瑞の免職と共に、一部策士が督軍を利用し張勲を使嗾し、遂には大総統をも動かして、段を再び担ぎ挙げんとする無理なる芝居を仕組みたる経路と認められ候。此芝居には勿論日本をも、特に閣下の内閣を利用せんとする魂胆あることも見へ透ひたることゝ被存候。目的の是非は別として余り策を弄する結果、北方派の分裂となり、或は自ら其策の為めに破るゝやも難計と被存候。就て支那の情況推移に追随して日本の処置を定む可きにあらずして、日本の国策を定めて然る後支那に臨む可き発端は此機会と被存候間、暫く厳正なる体度を持して事体の成り行きを観望し、而して機会を捉へて我国策の遂行に務むること肝要と存候。右の主旨に基き林とも万事相談して（其為め北京滞在中は公使館に滞在せり）、今後の口実を得る為め極めて親切なる体度を以て忠言を試み置きたる次第に御座候。是れは数次の電報にて疾く御承知の事と存候。而して日本が今後如何なる目的と筋道を踏で進む可きかを御決定相成には、一応小生の報告を御聞き取り被下候上にて御決定相願度、小生は左程急ぐには及ぶ間敷と存じ、予定通り旅行致す存念に御座候得共、万一急に御聴取相成事情も有之候得ば、其旨御電報被下度、直に帰京可仕候。小生は今少し彼等の自覚する迄傍観する方寧ろ得策と存候。米国の口舌に因る主義上の忠言は余り重きを為ものには無之、実力の伴はざる干渉は却て有害なる可く、彼れ支那人も其辺は能く了解致し居り候。乍去南方より資金、武器等を依頼致し来るやも難計（現に其報に接したるを以て参謀本部へは一切関係せざる様電報し置けり）と存候間、閣下より各方面を戒飾〔飭〕して、余り彼等の行動を助長するが如き方法を取らしめられざる様御注意被下度候。

先は要件のみ不取敢申進候。其内時候柄にも有之、且つ御多用の時節に際し、切に御自愛被為在候様奉願上候。恐惶謹言

義一

寺内元帥閣下

右の外、山東其他各方面の事情、亦日本人の実業、其他一般的心得も此際大に覚醒を要する儀多々有之様被存候間、何れ帰京の上万々御報告可申上候。

〔註〕封筒1表「東京麹町　総理大臣官邸　伯爵寺内正毅閣下　親展　書留〔スタンプ〕」、封筒1裏「奉天　田中義一「ヤマトホテル」」。封筒2表「寺内元帥閣下　親剪」、封筒2裏「田中中将」。封筒表に「返事了」と書き込みあり。

大正7年

61　大正(7)年(1)月31日

謹啓　爾後御容体如何に御座候哉、為邦家充分之御加養被遊度奉願上候。山県公より此際慎重に御養生相成度、且つ平井之外三浦博士にも診察せしめらるゝ様是非共御勧め申せとの御伝言に御座候間、御承知遊され度奉願候。過般御承認相受け候支那と情報交換の件は、段々其効果を現はし来り候様に被存候に就ては、1、2、3の電報御一覧奉願候。因て外相及林公使とも熟議を遂げ、更に坂西に馮、王の側より段、除〔徐〕同様の意向を洩さしむる様尽力す可き旨重て打電致す心得に御座候。又在広東の唐紹儀が日本に渡来致し度希望を有し、上海の松井を介して小生の意見を求め来り候に付き、外相及林公使とも内談致候処、兎に角彼れは真の革命者流にあらずして本来官僚筋の人物に有之、岑春暄〔煊〕と最親懇の者に御座候得ば、寧ろ彼に充分の説得を与へて誤解なからしめ、以て南北の融和に資する方得策ならんとの事に有之、更に閣下の御病中を煩はすは如何と存じ、内相之意見相尋候処、是亦外相、林公使等と同様に御座候間、差支へ無之旨返答致す心得に御座候。又孫逸仙は保養の為め日本に参り度き希望を有し居るとの事に有之、其実、陸、唐、岑等と相容れざる為め、暫く広東を避け度き考なる由に有之、是亦将来南北の統一の大障碍たる孫を彼等より引き放すことは寧ろ有利なる事と被存候。外相、林公使等も同一の考に御座候。若し唐、孫等を排斥すれば、彼等本来米国臭味の者に付き、米国に至りて何事かを希〔企〕図するやも計られず、寧ろ日本に来らしめて彼等を適当に扱ひ置く方可然と被存候。勿論政府に於て関係せらるゝ訳には無之、唯個人的に扱ひ遣はす事は何等支障は有之間敷様被存候。其辺の手加減は容易なる事に御座候。而して北方へは誤解を起さぬ様説明を与ふれば、是亦納得の参ることゝ存候。右要件のみ申進候。其内精々御養生被遊度奉願上候。此節柄随分御気の揉める事と推察仕候得共、押して御堪忍の程願敷く奉存候。草々敬白

三十一日　　義一拝

寺内首相閣下

〔電報〕

［1］極秘

大正七年一月廿五日

宛先　坂西少将　　発信者　次長

電報案

（調停着手実否問ヒ合ノ件）

坂特電第二号及十七日発ノ書面見タ、現在ニ於テ我政府カ南北調停ヲ為ス等ノ企図断シテナシ、貴官出発ノ際委嘱セシ日支両国軍事協同ノ事ハ速ニ成立センコトヲ切望ス、而シテ之ヲ支那側ヨリ発意セシムルヲ得ハ誠ニ好都合ナリ、斉藤少将宛二十四日電報（諜報交換ノ件）諜報ニ関スル件ハ此目的ノ第一歩トシテ先方ノ意思ヲ誘ハントスルモノナリ、因テ青木、斉藤トモ協議ノ上真ノ協同カ出来得ル様尽力ヲ

乞フ、而シテ之レハ支那ノ内争問題トハ全ク別種ノモノニシテ帝国及支那ノ国防上絶対ニ必要ナル事柄ナレハ、青木モ勿論異議アル筈ナシ、然トモ段祺瑞、徐世昌一派ハ無論同意スヘキモ現当路者タル馮国璋、王士珍等ハ如何アルヘキカ、彼等モ内外ヲ区別シテ国家目前ノ事態ヲ考慮セハ寧ロ喜ンテ之ニ応スルナラント考フルモ、支那人ノ事ナレハ余程手加減ヲ要スルコトナルヘク、此間ニ於テ青木対馮、王ノ関係モ利用シテ有効ナラント考フ、兎ニ角充分青木、斉藤と熟議ヲ遂ゲ先方ヨリ切リ出サシムル様ニ配慮セラレタシ

［2］極秘

一月廿七日午後六時四十五分発

廿八日午前十時二十分着

次長宛　　在北京、坂西少将

坂特電第四号

二十五日貴電敬承、日支両国軍事協同ノ事ハ過般小官帰任挨拶ノ為、馮国璋、王総理ト会談ノ際詳細ニ其必要ヲ説キ、両人共ニ之ニ同意セルモ、唯之カ実行者ハ段祺瑞、段芝貴ナル故、馮、王二人ハ進ンテ之ヲ実行セシメントスル意思ナク、就中王ハ自ラ責任ヲトルコトハ断シテ之ヲ為サヽルヲ以テ彼等ノ発意ニ待ツ能ハス、サリトテ段祺瑞ヨリ馮国璋ニ説ク時ハ馮ハ段ノ之カ為ニ勢力ヲ得ルヲ恐レ言ヲ左右ニ托シテ躊躇スルニ至ルヤモ知レス、依リテ過日来段祺瑞、段芝貴等ト相談ノ結果矢張リ帝国政府ノ責任

者ヨリ支那当局者ニ向ヒ非公式ニ露国ノ現情日ニ非ナルヲ以テ速ニ日支両国軍事協同ヲ具体的ニ成立セシメ、所謂参戦ノ実ヲ挙ケサルヘカラサル所以ヲ説キ、先ツ馮国璋ヲ動スヲ要ストノ事ヲ一決セリ右ハ方法ノ如何ヲ問ハサルモ貴地ニテ章公使ニ伝ヘテ大総統ニ報告セシムル如キ其一法ナラント思ハル、林公使ニモ閣下ヨリ充分此意義ヲ説明シ置カレタシ

〔3〕至急　極秘
一月廿九日午後一時発
　三十日午後六時十八分着
参謀次長宛　　　在北京、坂西少将
坂特電第五号
対露日支軍事協同ノ件ニ関シ靳雲鵬ハ徐世昌、段祺瑞ノ意図ヲ受ケテ小官ニ之カ具体的提案ヲ求メ来レリ、就テハ二十七日発坂特電第四ノ要旨ト相俟テ大総統帰京セハ着々之カ進行ヲ図ル処存ナリ、仍テ支那人指導ヲ誤ラサル為右軍事協同ニ関スル大綱ヲ至急指示セラレ度

〔註〕封筒表「寺内首相閣下　必親展」、封筒裏「田中次長」

62　大正（7）年（2）月12日

謹啓　別紙中嶋少将の電報御覧に供候。此電報に就て、英国側云々の件は或は然らんかと被存候。左す

れば、仏、米にも及び、遂に協同を避くる能はざることゝ相成候哉も計り難くと存候。乍去協同必しも不可なるには有之間敷、寧ろ日本一国の仕事の如く見ゆるよりは都合宜敷きかとも考へられ候。事体彼様に相成候得ば、中嶋の行動を隠密に保持することは六ヶ敷く可相成と被存候間、其辺も御考へ置き被成下［度］奉願候。唯茲に考ふ可き事は、英、仏、米、等の武官等が為す事柄が果して本国政府の意図に基きたるものなるや否、大なる疑に御座候。北京に於ける英、仏武官が斉藤に談話せし模様等に就て考へれは、或は本国政府の意図如何に係らず、日本単独の行動を気遣ふ余り、之を制肘〔掣〕し、若くは探知せんとする為めにあらざるかとも被存候。又過刻御手許に差送りし、北京に於ける露国武官が斉藤少将に談せし電報に拠れば、将来「セミヨーノフ」支隊を以て東清鉄道守備に充て、支那軍隊を撤退せしめんとする考へなるが如く相見へ申候。旁哈爾賓の情況視察は、中嶋が今直に英国武〔官〕に面会するを避けしむる為め、同少将をして哈爾賓辺に旅行せしむること却て好都合なるべきかと被存候。其辺も御考へ置被下度候。又「ホルワツト」の方に日本より武器供給の功を与へざる為めか、或はセミヨーノフ支援に急速を要する為めかは相分り不申候得共、「セルビヤ」兵の還送途中哈爾賓にて彼等の武器を押収しつゝある様にも相聞へ申候。兎に角各国の武官等は将来日本が極東に勢力を張ることを予防せんとして活動しつゝあるものと認めて、我方の行動を計画する方必要に可有之と存候。然らざれば何事も後手と可相成様被考候。

其内御大事に被遊度、申も疎に御座候。何れ明日頃更に御伺可申上候。

十二日　　義一

首相閣下

63　大正（7）年（2）月15日

謹啓　先刻御送附申上候黒沢の電報数通御覧被為遊候哉。兎に角該方面の情況は刻々変化致す次第に付き、閣下本来の目的を達成する為には、「ホルワツト」に対する事を速に御決行相成る様切望に堪へず候。然らざれは遂に捉へ得べき機会を逸するに至るべきかと愚考仕候。

坂西の電報は一昨日御覧に供候。電報に対し段の意見上申を受けたる王の心底を速に電報する様命し置候返電に御座候。王の心中は、本来の勇気なき不決断なる性格として気遣ひ居りたる次第に御座候。就ては電文の通り、今直に外交上の形式を取るは不得策にして、寧ろ単純に軍事当局者間の相談と云ふ位いの意味を以て、形式張らずして事実上の効果を挙ぐると云ふ方法を探る方得策の様に被存候。御再考相願度候。何れ其内参上御伺可申上候。

中島へは別紙の通り電報致し置候間、為念御覧に入候。草々敬具

十五日　　義一

首相閣下

64　大正（7）年2月16日

恭啓　今朝御話申上候件に関し坂西より更に別紙乙号の通り来電有之候に付ては、別紙甲号の通り打電

致度候間御一閲を煩し度、尚明夕刻頃迄に別に御指図無之節には御異存なきものとして発送可致候間、御含被下度此段得貴意候。敬具

二月十六日　田中義一

寺内総理閣下

65　大正（7）年（2）月18日

謹啓　只今北京青木中将、王総理と直接交渉せしめ候処、別紙電報の通りに有之至極好都合の様に被存候。

青木中将電報　一

坂西少将の来電　一

十八日　義一

首相閣下

〔電報〕

［1］極秘

二月十四日

坂西少将宛　次長

電報案

青木中将ニ左ノ通リ伝ヘラレタシ

日支軍事協同案ノ進捗ニ伴ヒ馮総統、王総統ニ不安ノ念ヲ抱カシメサルヤノ虞ナキニアラザルガ、我政府ニ於テ本協同案ノ成立ヲ切望スル所以ノモノハ、日支両国自衛ノ見地ニ出テ、緊密ニ相提携セントスル誠意ニ基キタルモノナルコトヲ篤ト説明シ、馮国璋、王士珍モ亦段芝貴、段祺瑞等当事者同様、右軍事協同案ノ成立ニ極力尽力スル様仕向ケラレ、同時ニ本案ノ成立カ大総統ヲ擁護シ支那ノ和平統一ヲ促進セシムルモノナルコトヲ納得セシメ、日本トシテハ馮、王、段等人ニ因テ親疎アルモノニアラズ、特ニ大総統ヲ擁護スルコトハ、我国トシテ最モ意ヲ留ムル処ナルコトヲ了解セシムル手段ヲ執ランコトヲ切望ス、其結果電報アリタシ

〔2〕極秘

二月十七日午後八時二十分発

十八日午前五時二十分着

次長宛　坂西少将

坂特電第十四号

日支軍事協同問題ニ就キ本日青木中将ハ王総理ト会見シ、此ノ事ノ両国防衛上ニ必要ナル所以ヲ説明セシニ、王総理モ頗ル之ニ同意シ、之カ第一著トシテ、先ツ支那ノ外交部ヨリ東京ノ支那公使ヲ経テ、支

那公使モ之ニ賛成ナル旨ヲ非公式ニ田中参謀次長ニ通告スヘク電報ヲ発セシメンコトヲ約シ、斯クテ最初ノ関係ヲ結ヒタル上ニテ、双方ノ軍事当局者ヲシテ細部ノ交渉ヲ為サシメンコトヲ希望セリ、彼ハ此事カ日本ヨリ以上ニ支那ニ必要ナルヲ了解シアリテ、反対派カ是ヲ動機トシテ其非望ヲ増長セシメントノ懸念ノ如キハ敢テ顧慮スルニ足ラストシ、参戦督弁署ハ其名ノ如ク外敵ニ当ルカ為ニ設ケタル一時ノ機関ニシテ、其練成セル軍隊ハ自然対外ノ用ニノミ供セラルヘキモノナリトテ、何等是ニ懸念シ居ルノ状ナク、只今後募集スヘキ軍隊ニ対シテハ、軍隊ハ国家ノ軍隊ニシテ個人用ノモノニアラサルコトヲ良ク説明スル筈ナリト語レリ、依テ青木中将ノ意見ニテハ、支那公使ヨリ右ノ通告アリ次第著々交渉ヲ進メテ何等差支ナシト思〔ハ〕ル、尚中将ハ明後十九日馮国璋ト会見ノ上更ニ報告スル所アルヘシ

〔註〕封筒表「寺内総理大臣閣下　必親展」、封筒裏「田中義一」。封筒表に「返事ヲ要ス」と書き込みあり。

66　大正(7)年(3)月7日

謹啓　対支軍事協商の件は此際急速を要する場合に有之候間、支那公使より外相に呈出したる書面を其儘呑み込み、拙速的に纏めしめらるゝ様外相に御談し被下候て、今日直に閣議御決定被下度奉願上候。公使の呈出せる文意を修正する等の交渉をなすやにも灰〔仄〕聞致候処、彼様の事相起り候ては支那国務閣議の再開となり、遂に此機会を失ひ、所謂角を矯めて牛を殺すの結果とも可相成は明燎〔瞭〕に御座候。何卒急速の御督励偏に奉願上候。草々敬具

七日　　義一

首相閣下

〔註〕封筒表「寺内首相閣下　至急親展」、封筒裏「田中次長」。参謀本部用（印）

67　大正（7）年4月8日

謹啓　其後如何被為遊候哉、定めし御快気被為遊候儀と奉存候。外相病気中に付き、「ハルビン」方面の経過概略は外務次官へ話し置くこと必要と被存候。然らざれば今後種々行き違ひ可相起と懸念仕候。就ては右御承認被成下度申進候。追々別段御下命無之候得ば御承認の事と存し、次官説明仕心得に御座候。其内時勢柄精々御自重中も疎に御座候。恐惶謹言

四月八日　　義一

首相閣下

〔註〕封筒表「寺内首相閣下　親展」、封筒裏「田中次長」。封筒表に「了」と書き込みあり。

68　大正（7）年（4）月26日

謹啓　其後益良好の御経過と奉存候。別冊は過般申上置候通り、極東方面、就中東支沿線の事業を公然のものと致す為め、陸相に交附す可き書面に御座候間、御都合宜敷き時に一応御閲覧被下度、閣下の御内意を伺ひたる上、陸相の方へ差出す積りに御座候。恐惶敬白

廿六日　　　　　　　　　　　　　　　　　　　　義一

首相閣下

69　大正(7)年(4)月27日

謹啓　別冊は外務省に呈出して、聯合与国に対し相当の警告相成度希望に因り起案致したるものに御座候間、御閲覧置き被下度奉願候。又別紙電報は「セメミヨーノフ」が四囲の情況に余儀〔ママ〕せられ、意を決して進出したる次第の報告に有之候間、是亦御電覧被成下度候。該支隊には近来軍資金に窮し、已に二ヶ月も兵卒の俸給を支給し得ざる有様に有之、加之ず彼の行動を今回の一箕〔簣〕に滅却する様なる仕義に立ち至り候ては、東清沿線の計画も為めに水泡に帰する恐れも有之、旁此際他に漏洩せざる方法を以て五、六十万の軍資金を供給致す事最とも必要の儀と奉存候。昨日「クルペンスキー」よりも此儀懇願致し来り候。今日は反過激派の思想も時と共に各方面に於て向上致し居り候間、之を見殺に致すは、過激派は勿論隠〔穏〕健分子も日本の頼み難きを怨むと共に、米国に信頼するに立ち至るは明燎〔瞭〕に可有之、就ては一応閣下の御考慮を乞ひ、御意見相伺ひたる後、陸軍大臣及大蔵大臣に交渉致す積りに御座候。又他の電報は過般「イルクツク」にて拘留せられたる南に関係のものに御座候。此電文中にある如く佐藤領事の書面を押収せられたる結果、東支方面の計画は世界に公表せらるゝに至るものと考ふるの要有之候に付ては、其取扱は全く外務省関係と相成可申、因て昨日進呈仕候書面の通り、可成速に表向きの仕事と致し、我政策の一つとして進行せしむる方、何れの方面より考ふるも必要と被存候間、此儀重て申進候。何れ

明日拝趨の砌御意図委曲可相伺候。恐惶謹言

廿七日

義一

首相閣下

追て青年団に対する宮中の思召に付き書記官長に依頼致置候間、御聞取り被下候て宜敷御配慮奉願上候。

〔註〕封筒表「寺内首相閣下　極秘」、封筒裏「田中次長」。封筒表に「要復　4・28」と書き込みあり。

70　大正（7）年（6）月20日

謹啓　御帰京後連日の御会議御心労の儀と奉存候。別紙電報臼井哲夫より到達致候条、御覧に供候。其目的は日本に露国救済を請願するに在ることゝ被存候。支那金巻〔券〕発行の件御考慮置き被下度奉願上候。

廿日

義一

首相閣下

〔註〕封筒表「寺内首相閣下　必親展」、封筒裏「田中次長」。封筒表に「了　6・20」と書き込みあり。

71　大正（7）年（7）月31日

謹啓　毎日為邦家御心労の段奉推察候。米国回答の訂正は大分意志の緩和を示したるものと被存候得共、旁〔帝〕国としては決行と共に明確に我立場を通告致し置くこと肝要に可有之と奉存候。

別紙第十二師団長に与ふる訓令案御覧に供候。何事か内閣に於て御異存も有之候得ば、修正可仕候。是

れは未だ総長、大臣の承認を得たるものには無之、全くの案文に御座候間、右様御含被成下度奉願候。特に附箋の箇所には御注意被下度候。

「マンジユリヤ」方面は独墺兵を背景とする過激派軍段々国境を圧迫致し、該地に敵の砲弾落下するの状況に有之、「セミヨーノフ」軍は已に国境内に退却し、日本居留民は皆引き揚けたる情況なるのみならず、其他外蒙国境は各所に脅威を受くる場合に有之候得ば、或は聯合与国に関係なく、日支協約に基き此方面の行動は別個に実行せざるを得ざるやも難計と存候に付き、右の情況に対する支那の意向内探可致と存候。

終に臨み甚だ出過ぎたる申分に候得共、此際国家の前途、閣下の面目に考へ、御所信の断行切望に堪へず候。然らざれば窮余辞職を強いらるゝが如き四囲の情勢と相成、国歩多難の原因を閣下の一身に負はせ、内外の情勢を悲境に陥らしむることゝ可相成、実に痛心之至りに存候。唯此暗雲を排除するは、閣下の一断に存する儀と被存候。多年の御懇情を辱する小生に取りては実に断腸の思を為す次第に御座候。甚だ失礼の儀に候得共、無遠慮の意中御推察被下候て、御海容被成下度奉願上候。恐惶敬具

三十一日　　義一

首相閣下

〔註〕封筒表「寺内首相閣下　極秘」、封筒裏「田中次長」。封筒表に「了」「7・31」と書き込みあり。

72　大正(7)年(8)月18日

謹啓　別紙は已に御覧済と存候、斉藤少将より兵器供給に関する電報の返電案に御座候。此件は年来国防上及内地の兵器工業促進の必要より切に希望致し居り候。日支の兵器統一の端緒を開き得るものと被存、陸相の同意を得て起案致したるものに有之候間、御承認被下度奉願候。恐惶敬具

十八日　義一

首相閣下

〔註〕封筒表「寺内首相閣下　高柳少将持参」、封筒裏「田中次長」。封筒表に「了　8・18」と書き込みあり。

73　大正(7)年(11)月25日

謹啓　過刻は甚だ失礼仕候。講和大使一条は外務大臣の言に、西園寺侯〔侯〕も大抵承諾せられ、牧野男之に随行することに略纏りたる由申し居り候得ば、之れにて略結着可仕、牧野男は昨日小田原へ参り、之亦不同意はなかりし様子に御座候。

右不取敢申進候。敬具

廿五日　義一

寺内閣下

〔註〕封筒表「寺内元帥閣下　必親展」、封筒裏「田中義一」。〔印〕陸軍省

74　大正(7)年□月17日

謹啓　連日御疲労之儀と奉存候。

閣下已に御承知の儀と存候得共、林公使が日、英、仏の公使と連名にて「ホルワツト」宣言の撤回、「チエク」軍の東清線利用及「ホルワツト」の哈爾賓帰還を勧告せられたるは、全く我政府の意図を無視して、西伯利政府に同情を寄せられたる結果と相成、将来の計画に大なる不利を与ふることに相成間敷哉。外務大臣も已に気附き居られ何とか処置せらるゝことゝ存候得共、尚ほ閣下に於ても一応御考慮被下度奉願上候。

米国公使故ら避けて其仲間に加らざりしは思慮ある致方と存候。敬白

十七日　　義一

首相閣下

〔註〕封筒表「首相閣下　必親展」、封筒裏「田中次長」。陸軍省（印）

75　大正（7）年□月□日

謹啓　二十一日陸軍大臣より浦塩加藤司令官より中嶋の行動に関する電報承知致し、直に軍令部に参り候処、加藤よりの私信両三日前到着致し居り、大体の筋は中嶋より話したる趣き記載有之由に付き、此上秘密に致し難く、因て概略の事情次長に申聞け置候間、閣下より改めて海軍大臣に御話し置き被下度候。加藤の電報に対する訓令は、政府の方針は全く変化なく、中嶋は彼れ一個の考へとして行動したるものにして、政府の関り知る処にあらざる旨記する方可然と申述へ置候。何の必要ありて加藤に話した

るか頓と不相分、何れ坂部を取糺し、尚ほ中嶋に戒飭を加へ置く積りに御座候。恐惶謹言

義一

首相閣下

追て加藤の電報は一応御覧置き相成方可然と存候。其電報は海軍大臣の手許に有之候。

〔註〕封筒表「寺内首相閣下」、封筒裏「田中次長」。（印）参謀本部用

大正8年

76　大正（8）年（9）月□日

謹啓　過日は御病中甚だ御無礼仕候。其砌御意見相伺候柴田政光の件は、上山を以て原嘉道に相談為致候処、別紙書面の通り返答有之候。已に入籍しある以上は是亦不得已儀と存候。乍去相続願ひを出す場合にも有之候間近日御意見伺旁何人か参邸可仕と存候条、御考へ置被下度奉願候。
追て、昨日外調にて対米問題（過日申述候件）対支単独借款の件を問題とし、前者は未決、後者は之に応することに決定致候。尤とも之れには更に曲折あることゝ存候。

義一

寺内閣下

尚ほ申も疎に候得共、気候変化の折柄充分御摂養奉願候。

〔別紙〕田中義一宛上山満之進書翰（大正8年9月8日）

拝啓　今朝原嘉道君訪問正光の事に関し法律上の意見相糺候処、
一、法定家督相続人に付父死亡と同時に法律上当然相続致居候、
一、相続後養家を去るには隠居の外無之、隠居にも一定の条件ありて容易にあらす、仮りに其条件に合する理由ありとするも本人未成年にては何とも致様なし（民法七百五十二条及同七百五十三条

等）、との事に御座候。右之次第貴兄より寺内伯及藤井氏へ御申遣被成下度候。尚右之次第に付至急相続届取計度候が御高見如何□□。何分御指示奉待候。頓首

大正八年九月八日　満

田中大兄

〔註〕封筒一表「大磯　寺内元帥閣下　必親展」、封筒一裏「田中義一」、封筒二表「区内陸軍省官舎　田中義一様　急必親展」、封筒二裏「麹町区中六ノ三七　柴田方　上山満之進」。封筒一表に「了済　14／9　蒲中佐□□□事」と書き込みあり。

【解説】田中義一と寺内正毅

東京大学名誉教授　伊藤　隆
早稲田大学非常勤講師　松田　好史

本書は「寺内正毅関係文書」（以下、「寺内文書」とする）中の田中義一書翰、明治二十七年（一八九四）から大正八年（一九一九）まで四半世紀にわたる七十六通（尤も大部分は明治末年以降のもの）を翻刻したものである。

寺内と田中は共に長州出身の陸軍軍人であり、寺内は嘉永五年（一八五二）生まれ、田中は元治元年（一八六四）生まれであるから、一回りの差がある。二人は山県有朋・桂太郎の流れを汲んで「長の陸軍」の主流を形成した（長州出身で戦前に首相となったのは、右の四人以外では伊藤博文のみである）。明治末年以降、山県は桂・寺内との連絡役として田中を重用していたが、田中は単なる伝令に留まらず、自己の構想を実現するための役者、或いは後援者として寺内に期待しており、殊に朝鮮総督として中央政界から離れることが多かった寺内の許には、田中から多くの重要な情報がもたらされているのである（それ故に山本四郎、由井正臣、北岡伸一、坂野潤治、纐纈厚等多くの研究者によって早くから活用されてきた）。

何時頃から寺内と田中の交わりが始まったのか不明であるが、同郷出身の軍人としてかなり早くから交渉があったものと思われる。残されている最初の手紙は明治二十七年十二月十三日のもので、日清戦争で戦地金州にあった田中から広島に置かれた大本営にあった寺内に送ったものである。書翰中でも触れられている様に、田中はこの月大尉に昇進して、歩兵第二旅団（旅団長は西寛二郎少将）の副官に補せられていた（これ以前は第一師団〈師団長は山地元治中将〉副官として戦前から動員計画の立案を担当しており、日清開戦と同時に出征している。同師団は十一月六日遼東半島金州城を攻略、さらに十一月二十一日には旅順要塞を攻略した）。田中は文中で旅順攻略後の戦地の様子を述べ、さらに「広島滞在中御願申上候件」（「御願」が何事であるのかは明らかではないが）を重ねて依頼している。この時期の寺内は、明治二十五年から参謀本部第一局長として動員および国防の計画を担当し、『元帥寺内伯爵伝』によれば「日清国交の断絶するに至るまで約一年有半の間、伯は鉄道運輸、輜重車輌其の他動員準備に関する品目の調査に忙殺せられ南船北馬殆んど行李を解くの暇なかりき」という状態で、二十七年六月には運輸通信長官を命ぜられている。同じ様な仕事を通じて関係が深かったのではないかと思われる。なお、「田中義一関係文書」（以下、「田中文書」）には殆ど明治期のものがなく、この書翰に対して寺内がどの様な返事を送ったのかは不明である。

田中の次の書翰は大本営にあった寺内に対する翌明治二十八年の年賀状である。田中は書翰によると普蘭店に駐屯していた様で、冬営の状況が短い報告になっている。

その後、田中は二十八年二月第一師団参謀となり、翌明治二十九年三月には召集条令改正審査委員を命ぜられ、十月に参謀本部第二部員に転補、翌三十一年五月にロシア差遣の辞令を受けた。この人事に

ついて『田中義一伝記』（以下、『田中伝』と略す）は、

大尉（田中）は露国の国策である満韓侵略の遠大な野望と爪牙とを微細にわたるまで徹底的に究知し、極東平和の為めに露国の厭くなき侵略を抑えようとして一生を此の解決に注いだと云うも過言ではなかろう。日露戦争、在郷軍人会の創立、二箇師団増設問題、青年団の創立、シベリヤ出兵、対満洲、対中国政策等すべて淵源はこの露国差遣に端を発しているのである。

と評価している。八月ペテルスブルグ着、以後三十三年六月に参謀本部付となり、特に希望してペテルスブルグ駐屯のノヴォチェルカッスク・アレキサンダー三世歩兵第一四五聯隊で隊付勤務を経験した（この時の日記が「田中文書」にあり、『田中伝』に全文収録されている）。同年十月には少佐に昇進、三十五年四月に帰朝し、六月に参謀本部部員となったのである。

第3の田中書翰はその明治三十五年六月ものである。この手紙はペテルスブルグを出発、帰朝の途中「当地」（前後の関係からハバロフスクではないかと思われる）で寺内が「御重職に栄進」されたことを知り「恐悦」して書かれたもので、帰朝の上ロシアでの経験を「御下問に応し可申述」としたものである（帰途のシベリア視察の報告書草案と思われるものが「田中文書」にあり、『田中伝』に全文収録されている。それと別に翌年シベリア視察に関する「随感録」を執筆し、それも『田中伝』に全文収録されている）。寺内の「重職」とは三十五年三月の桂内閣の陸軍大臣就任のことである。寺内は、二十七年八月に少将に昇進し、二十八年六月参謀本部第一局長事務取扱、二十九年三月参謀本部付になり、六月に欧洲差遣、十月歩兵第三旅団長、三十年六月帰朝、三十一年一月教育総監、二月より陸軍士官学校校長事務取扱を兼ね

（十二月まで）、十月中将、三十三年四月参謀本部次長、三十四年二月から三十五年五月まで陸軍大学校校長事務取扱、三十五年三月に陸相という経歴をたどっていたのであった。

次の4は二年余後の明治三十七年八月十五日付、日露戦争の最中である。田中は前年二月大本営参謀、六月には満洲軍参謀となって出征し、八月には中佐に昇進している。満洲軍は総司令官が大山巌、総参謀長が児玉源太郎、参謀は松川敏胤、田中義一、福島安正、井口省吾という顔触れであった。書翰は遼陽攻撃の直前の状況を報じている。乃木希典率いる第三軍による旅順陥落を待っての前進が可だという意見もあるが、児玉の「勇大なる御決心」で早期の前進を決したことについて理解を求めるという内容である。次の5はその二十日後の手紙である。遼陽攻略を報じ、現在露軍が兵力を増強しているのに対し、我が方は「人馬の補充弾薬の供給」になお日子を要し、旅順陥落は未だでその兵力を用い得ないという状況で、第八師団を満洲軍に増加することが刻下の急務であるとして、「御配慮」を求めている。

続く6は翌三十八年二月七日付で、露軍の「指揮の不統一」によって我が軍の勝利が得られているが、我が軍にも問題があるとして、鴨緑江軍を編成したことや第八師団を遼陽戦に投入しなかったことを挙げ、山県参謀総長の戦争指導への不信感を吐露すると共に、寺内が山県に賛同したことも「不審」であると述べている。寺内がこれにどういう応答をしたか興味深いところであるが、「田中文書」に返信は残されていない。次の7はその四ヶ月弱後の六月一日付の書翰、日本海海戦の勝利を祝い、現在地で雨期を過ごし、その間に兵站のために支那馬車に代えて軽便鉄道を敷設することを提言するものである。

次の8は、三ヶ月弱後の八月二十九日付のかなり長文の書翰である。まず満州の全軍につき、「健康も最良に、志気も旺盛、馬匹も肥へ」「何時にても活動し得るの情況に御座候」と伝える。ただ講和談判開始以来「多少惰気を生じ居る」ことも伝えている。他方、敵も「人馬の補充を終り」たる状態で「敵我の兵力に非常なる懸隔あり」「攻撃前進覚束な」い様にも計算されるが、「決して恐るるに足らず、必勝を期して攻撃運動を開始し得可くと確信致し居り候」とし、そのための人員の補充をしっかりと準備しておく必要があると述べている。また露軍の兵力の計算において、「真の戦闘員は表面に於て計上せし数より遙かに劣勢なるものかと推察」出来るので、「充分戦勝の効果を修め得る」とし、講和談判においても考慮されるべきであるというのが前半の内容である。後半は講和成立後の処置についての意見である。田中はなるべく早く日本の軍隊を撤退し、清国軍隊（日本将校を顧問とする）を多く駐屯せしめて「鉄道掩護」も彼等にやらせることで、「不生産的な行動」の負担を縮小し、戦後の軍備も「拡張と云ふよりは先つ充実を専一と」すべきであるとして、「経済上の利益を先きにすること」を主張している。また、その戦後の「軍事的経営に関して卑見」をいずれ進呈すべしとも述べているが、これは明治三十九年に起草された「田中文書」の「随感雑録（日論戦後凱旋直後の建議書）」と題するものであろうか。『田中伝』は次の様に記している。

児玉〔源太郎〕と寺内との性格相違の為めに、相互の意見扞格して相容れず、延いて戦後の軍備整理を、阻碍するの虞れありと云うが如き憶説が、頻りに伝ったので、田中中佐は深く之を遺憾として、『随感随録』と題し、「近来、陸軍省及び参謀本部其の他陸軍首脳機関部に在りて、多少事理に通ずる者にして、陸軍大臣と参謀総長とは、戦後の経営に関する意見を異にし、相互に一致せざる所あるものの如く想像し、中には其の事の真実ならんことを、希望する者もこれあるは、洵に深憂に堪えざるなり。斯の如きは、畢竟皮相の観察より生じたる疑惑にあらざれば、他の功を忌み、敢て私心を逞うせんとするものにあらずして何ぞや。蓋し大臣と参謀総長と、其の大綱に於て必ず契合しあるべきは、予の確信して疑わざる所なり。然りと雖も、大臣と参謀総長と、互に其の所信を披瀝して、熟議を遂ぐることに於て、遺憾なしと云うべからざるものあるを、諱む能わず。これが為めに両者の属僚は、徒らに其の枝葉末節に拘泥して、種々の誤解を惹起し、遂に疑心暗鬼を生ずるに至ることなきを、保せざるなり」と、冒頭して、更に「戦後の経営は、単に陸海軍の兵力を決定するが如き、単純なる意義にあらずして、我が帝国の国是に基く大方針を、確立せざるべからず、詳言すれば、海外に保護国と租借地とを有し、且つ日英攻守同盟の結果、従来の如く単に守勢作戦を以て、国防の大本と為すべきに非ずして、必ず攻勢作戦を以て、国防の基礎方針となさざるべからず、是れ実に戦後経営の第一要義なり。而して此の事たるや、参謀総長と陸軍大臣との意見は、既に全く一致し居るを以て、斯の根本方針に基く諸種の計画施設に就いて、両者の意図に扞格を生ずる如きは、理に於てあるべからざることなり」と、憶説の根拠なきを断じ、百尺竿頭更に一歩を進めて、(一)「戦略と政略との一致、軍備と経済との調和」より説き起し、(二)「将来露国が極東に使用し得る兵力の限度」を攻究して、対露作戦を詳論し、(三)「清国に対して兵力使用の必要生ずる時」は、先ず南清地方を攻略し、然る後北京を目標として、直隷に策動すべきを説き、更に露仏同盟の場合に対する作戦は、仏領安南を、対米作戦には比律賓を攻略すべきを論じ、転じて我が交通機関の整備、予備師団制度、陸海軍の共同作戦、韓国駐箚軍並に南部満洲駐屯軍隊の整理等に論及し、戦後経営の基礎たるべき帝国将来の軍備に就いて、三十七、八年戦役の実験に徴し、世界の国際情勢に稽え、財政経済等諸種の関係を考慮し、消極的に確定するも、戦時四十五師団に相当する軍備を要すと断じ、これが実行を述べて、立論精緻を極め、就中「現役将校の勲章年金を全廃すべし」と云うに至っては、満身至誠の人にあらざれば、道破し得ざる滅私奉公の大文字であって、読む者をして粛然其の襟を正さしめるの概がある。最後に、「戦後経営に関する諸般の調査は、総べて戦時より平時に及ぼす原則を確守するを要す」と為し、其の調査順序を述べて、戦後の秩序恢復に伴い、将に着手せられんとする人事の整理に於て、動もすれば、経費の節約を偏重して、将校の要員を過度に減ずるの弊に陥り易きを警めて擱筆し、松川第一部長を経て、児玉参謀総長に提出した。児玉参謀総長は当面の時務に関する緊急適切の建議なりとして、深く其の労を多とし而も他の容易に発言し得ざることを、率直に痛論して余す所なき中佐の忠実真摯を喜び、山県元帥及び寺内陸相に提示して、其の研究に資せしめた。

この彼の意見書は、明治四十年四月四日に制定された「帝国国防方針」に繋がるものであろう。角田順『満州問題と国防方針』は「日露戦争中における政府と統帥部との間、陸軍と海軍との間における深刻な分裂的情況を直視して之に抜本的改善を加えようとする、田中の旺盛で強健な常識は同時代の他の何人も殆ど及びかねたところなのであった」と評価している。

更に日付はないが、「帝国国防方針案（田中私案草稿）」が残されている。角田氏は、寺内宛山県書翰、八月三十一日に「今朝雲箋及ヒ国防計画按御送附被下正致落手候、猶御示談可致ト存候、田中中佐ヲ大ニ労シ候段、御序謝意御伝へ可被下候」とあることから、これを明治三十九年のものとし、これが「随感雑録」の第三節「我作戦計画ノ要領」を基本としたもので、山県がこれを修正して同年十月に「封事」を上奏し、「帝国国防方針」案を別冊私見として添付したとして、この三者を対比させている。

その対比において、田中の論から山県の国防方針への共通点として注目すべき第一は、すでに田中伝で指摘されている様に、日露戦後の保護国（朝鮮）と租借地（関東州）を有し、日英同盟に対する責務を持つ様になった日本としては、従来の守勢（退嬰）主義から攻勢主義に転換する必要があるという論である。第二は主要な敵国はロシアとする点である。第三は、英国が中央アジアでロシアと戦端を開いた場合、日本は極東ロシア軍と戦い、寧ろこちらが主戦場になるだろうと予測していることである。第四は清国への対応で、清国が独立を維持することは望めず、極東で列強間に紛争が起こる場合、特に日露開戦時に清国がロシアと組んだ場合には、日本は積極的に台湾海峡の対岸（ここに権益拡張の基礎を作ることが主である）、そして北京をめざして攻勢を取るべきだとする論であり、日英同盟に対しては大きな期待を持てないとする見解である。他方、田中における、対露清、対米、対仏、対露仏、対独、それに対露独仏（それに清国が加わった場合も）の戦争の想定は、山県の案においては殆ど省略されている。

尚上述の様に田中も山県も日英同盟に固執していないが、特に田中は「目下進行中ニ在ルガ如ク果シテ英露親善ヲ結ブニ至ラバ……却テ日英同盟上ノ好意ハ英露親交ノ目的ヲ達スルノ具トナリ、……事ハ現状ニ反シテ露国或ハ日本ヲ介シテ英国ト親交ヲ結ブノ希望アルヤモ計リ難シ。是レ我レニ於テ逸スベカラザル好機ニシテ、吾人ハ喜ンデ之レガ媒介者タルベク、又此関係ヲ利用シテ相互事端ノ発生ヲ緩クシ、其間充分ナル準備ヲ整ヘ、要スレバ北進ヲ転ジテ南進ノ策ヲ講ゼザルベカラズ」「忌憚ナク言ヘバ何レノ日カ日英同盟破棄シテ日露同盟ヲ締結……スルヲ有利トスルノ時アルベシ」とまで述べている。

山県の上奏は、同年十二月に元帥府に諮問され、その奉答と同時に参謀総長・軍令部長に下問があり、翌四十年陸海軍大臣とも協議の上「国防方針及所用兵力」が上奏され、四月に「用兵綱領」を含めて確定している。この本文は残されていないが、推定されるところでは、仮想敵国は露米仏とされたという。そもそも陸海協同態勢を目的としていながら、田中の主張では対米戦争はあり得ないとしたにも拘わらず海軍の主張で露に次ぐ仮想敵国となったのである。いわば両論併記という形になり、陸主海従的な対露協同という目的は達成されなかったといえよう。しかし田中が日露戦後の段階で、こうした大政策策定の推進力となっていたことに注目すべきであろう。

次の9は九年後の明治四十五年二月二十一日のものである。田中は前の手紙のあと明治三十八年十二月に参謀本部第一部員、四十年五月歩兵第三聯隊長、同年十一月大佐に昇進、四十二年には陸軍省軍事課長、四十三年十一月少将に進み歩兵第二旅団長、そしてこの手紙の前年四十四年九月に軍務局長に就任していた。一方寺内は陸相を続け、三十九年には大将に昇進、四十年に子爵に進んだ。また四十三年五月に韓国統監、同十月に朝鮮総督を兼任し、四十四年四月伯爵に陞爵、同八月に朝鮮総督専任となり、軍事参議官に任ぜられている。この九年間、寺内―田中で遣り取りされた書翰は残っていない。しかし、田中を軍事課長に抜擢したのは寺内陸相であり、直系の上司部下の関係にあったのであるから、書翰の不存在が没交渉を意味しないのは勿論である。９番書翰以降かなり連続して手紙が往来する様になったことについては、寺内が朝鮮総督専任になって直接に話すことが不可能になったという事情によるものであろう。

この書翰はこれまでとはちがって「時局問題」に関するもので（数度電報を送ったと書いているが「寺内文書」には残存していない）、二月十二日に清国の宣統帝が退位し、孫文が大総統を辞任し、袁世凱が推されて大総統に就任しようかという清国情勢に対し、第二次西園寺公望内閣（外相内田康哉、陸相石本新六）は「如何にも不甲斐なき体裁」「政府として全く無方針無為」、山県や桂の忠告にも聞く耳を持たずという有様で、両公とも投げ出しているとして批判している。田中の見るところ、内閣の現状の背景には、「帝国の大陸に向て発展するを喜ばざる部類の人」「自己の畑を拡張することのみを知て国の存立を思はざるの人」「猜疑心より他の発展の途を杜絶する為めには国運を犠牲に供するをも辞せずと云ふが如き一派の人」があり、その結果「我陸軍は近き未来に於て非常なる苦境に遭遇することなきか」と心痛し、「最後の手段として辞職勧告可致と決心」していると述べている。因みに『山県有朋関係文書』にはこれより約一ヵ月前の一月十七日付田中書翰が収録されている。そこでは「閣議に於て蒙古満州に関する案件を露国と協商すると云ふ問題丈けは実行することに決定」したが、その他は有耶無耶になったこと、革命軍が満州の秩序を紛乱した場合等には、日本が満州に増兵することもある旨外務省からロシアに通告したことを報告している。「小官の微力補佐の任に堪へず閣下の御意図を満足する能はざるは遺憾の至り」と述べているので、既にこの段階で山県と大陸政策等で協議していることが知られる。所謂「大正政変記」や『大正初期山県有朋談話筆記』（以下、正続とも『山県談話』）に見られる様に、田中は絶えず山県（桂とも）と連絡を取り、同時に在鮮の寺内とも連絡を密にしていたのである。

大陸問題についての第二次西園寺内閣への不満と同時に、増師問題への対応への不満もあったのであろう。『田中伝』は「軍務局長に転補されるや、軍事課長時代からの引継懸案である増師問題を解決すべく、直ちに案を具して之を石本陸相に進言した。陸相は之を閣議に諮ったが、明治四十五年度予算に計上する事は、困難とあって延期の止むなきに至った」と記している。

次の10は、四十五年三月二十日のものである。「過日の御芳翰」とあるので、寺内からの書翰が来たことが確認出来るが、残念ながら残されていない。田中は「其後之時局問題は依然退縮と申上るの外無之」として、蒙古の勢力範囲問題、六国借款、四国借款、満洲鉄道沿線への電信線架設問題等に触れている。さらに石本陸相の重態のこと、その後任をめぐる問題につき、特に朝鮮で重大問題がなければ上京して「切り盛り」をして欲しいという希望を述べている。最後に国防問題の根本的解決については、長谷川好道と乃木希典に申し述べ、書類（多分「所要兵力」の内の二個師団増設問題に関するものであろう）も差し出したが今だに応答がないのは遺憾とし、更に日露協会のことは「曲折」があったが、「後藤男爵之御尽力」で纏まった旨を報告している。後者は鶴見祐輔『後藤新平』が「日露協会は明治三十九年の創立に係り、日露戦争の為めに疎隔せられた日露両国民の感情を融和し、併せて相互の親睦を図ることを目的とした。しかし協会がその機能を発揮し、基礎また鞏固となつて、名実共に国際的意義をもつ様になつたのは明治四十四年、伯［後藤］が寺内正毅と共に入りて、専心会務を宰理するに至つた時にはじまる。殊に翌四十五年総裁として閑院宮殿下を奉戴するに至つて、その基礎は全く確立した」と述べている、閑院宮推戴のことであろう。明治四十四年八月に寺内が会頭、後藤が副会頭に就任し、後者が「事実上主宰者の地位に在つた」という。本書翰から、田中が日露関係についても寺内を補佐して努力していたことが知られる。

次の11は、その半月弱後の四月三日の暗号電報で、石本陸相薨去に関する、山県の命を体しての報告である。山県は寺内の意見もあり、桂も同意したことから上原勇作中将を呼び寄せて陸相就任を求め、上原は直接寺内の意見を聞いた上で覚悟を決めることになった旨を報じている。上原が陸相に就任したのは二日後の四月五日であった。

田中書翰に上原の名前が登場したのはこれが始めてである。長閥の中心にあった田中であるが、薩閥に属すると見られる上原を高く評価しており、明治四十四年二月十八日付の上原宛書翰では、「御芳信を頂戴する毎に閣下之御精励を想像せられ忻仰に堪ず候。乍去他日閣下は陸軍の運命を双肩に担はるべき御身の上に候得ば、一時に健康を犠牲に供して尽瘁被成候儀は自ら重する所以の道には有之間敷と被存候間」云々と述べている（『上原勇作関係文書』所収。これが上原宛田中書翰の最初のものである）。この上原陸相が二個師団問題で第二次西園寺内閣を総辞職させるに至るのである。

『田中伝』伝記は、

〔上原新陸相が〕岡次官、田中軍務局長と相諮って鋭意整理緊縮の具体策を立案すると共に、二箇師団増設予算の頭を次年度予算に計上すべく立案を命じた。田中軍務局長の大活躍は直ちに開始され、或は財界の巨頭と会見して、二箇師団増設の必要を説き、或は政党の領袖と会談して、緊縮と増師の関係に就て諒解を求め、また新聞に雑誌に国防的見地から増師の当然なる所以を啓蒙したのであった。されば次年度予算編成期に入って政界は内閣内部の紛争を予想し、喧々囂々、何事か起るべきを想わしめ、陸軍と政府並に政友会との対立は次第に硬化する状勢となった。

と田中の活動と、それによって生じた軋轢とを描写している。その後明治天皇の崩御があり、辛亥革命があるという中で、九月上原陸相は西園寺首相に増師予算の次年度予算案への計上を希望した。上原陸相は数回にわたって閣議に諮ったが、十一月三十日閣議は要求を拒絶、翌十二月一日陸相が参内辞表を奉呈（帷幄上奏）し、西園寺内閣は総辞職した。その経緯に関して、田中が、第二旅団長発令に先立ちのべたという「増師問題の経緯」が『田中伝』に引用されている。

そこでは、ロシア軍の状況につき、「戦後の極東に於ける軍事施設は、実に長足の進歩をして居る。戦争前には日本式の師団で約十二個師団許りの兵力しかなかったのであるが、今は『サマラ』以東に於て、殆ど日本の二十八個師団強に相当する位の実数を持って居る」とする。さらに来々年のシベリア鉄道の複線化完成、大正五年の黒龍鉄道完成等による輸送力の倍増、また直隷・蒙古の日露緩衝地域の消失、即ち日露の直接接触の現実、中国の各国の勢力範囲への分割という状況のもとで「日露両国親善の関係ということに付ては、協約其他外交上の手段固より与って力ありとするも、単に之のみに依頼して、其の根本たる兵力の均衡を忽がせにすることは許されぬ。若しも兵力が不均衡であったら、紙の協約は頗る脆弱のものになる。紙の上の協約を鞏固ならしむるには、兵力の均衡と云うことがなくてはならぬ」、つまり増師が必要であるという理由である。それだけではなく、戦時に補充すべき在郷軍人が大正三年（一九一四）から急速に減少していくという問題もあり、それが「是非来年度（大正二年度）から二箇師団の増設に着手して、その欠陥の一部でも補わなければならぬ」理由であるとしている。しかし財政整理という要望もあり、「二箇師団増設は六ヵ年の間でやろう、大正九年から普通の師団になれる様にしようと、六ヵ年の計画にした」、師団設立の一時金二五〇〇万円から色々削減して九〇〇万円余に、また経常費七四〇万円が必要だがこれは陸軍全体の経常費を整理をして生み出し大部分を国庫に返戻する、こうして「三年間には既に千万円以上の財源を政府に提供し、また経常費としては大正五年度に僅かに二十一万円、同六年度に僅かに九十八万円、同十二年になって初めて二百八十万円に達するのでありますから、之から段々進歩する国としては殆ど財政上痛痒を感ずる金額ではない」にもかかわらず、上原と西園寺首相の間に妥協が成立しなかったとする。その上で、

結局帝国の存亡に関する重大なる国防の問題を、故なく斥けらるる疑いがあったので、陸軍大臣は遂に職を辞せられたのである。此の間陸軍大臣も痛く苦心されて、首相と実に涙を振って懇談を遂げられたが、如何せん首相は固く執って陸軍大臣の主張を斥けられたと云う羽目になった。そこで陸軍大臣は之は財政状態に関係はないと財政当局者は云うけれども、或は大正五年から二十一万円でも政府が支出すると云うことが、一つの障害をなすのではないか若くは政府が財源を生み出す上に付て、或は不足する所があって、それが一つの原因をなすのではあるまいかとも考えられたのでありまず。就ては財政上是非必要となれば、何とか今一層緩和の方法も考究して見るから、之が実

行に関して考えて貰いたいと、我を折り熱誠を込めて首相に交渉されたのでありますが、併しそれでも尚お容れられない。事茲に至っては陸軍大臣も尽すべきことを尽し、首相と懇談をして見たけれどもいけぬ。こうなっては如何に考えた所で、国防計画が時の政府の御都合で左右されると云う結果しか持ち来たさないのである。之はどうも致し方がない。甚だ残念であるが撤回することは出来ない。と云って、遂に今日の状況になったのであります

と述べている。

なお田中は触れていないが、彼はこの間西園寺首相に招致され、意見聴取をされている。このことは『原敬日記』十一月九日に記されており、「首相官邸に於て井上の懇請に係る田中軍務局長より軍事上の情況及び二個師団増加の必要なる理由を聞取りたり。西園寺の外余と山本蔵相列席せり、田中の云ふ所左まで新規なる事柄も之なかりき」とある。翌日原は井上馨から面会を求められ、往訪して、

其説明によれば増師の必要はある様なるも陸軍改革は不十分なり、余は内閣の安全も計らざるを得ざるも、之と同時に政党の反対も顧念せざるを得ず、頗る其処置に困しめり、篤と勘考を要す、而して未だ妙案を得ずと極めて不得要領なる談話をなしたり

と記している。これが『原敬日記』に田中が登場する最初である。さらに十四日の日記には、「福田和五郎来訪、増師案の形勢非なるを見たる為めならん、田中軍務局長乃木の遺書を本として国防論を鼓吹の筈にて、大隈並に萬朝報の黒岩周六に内談し、近日其運動を始むることを確聞せりと云へり。福田の内話の大要を認め、川越に出発の際新宿停車場に於て南書記官長に手交し、参考の為め西園寺に申送れ

り」とある。

次の書翰12は大正元年十二月二十七日付のものであるが、その前に十一月一日附の田中宛寺内書翰がある。これが「田中文書」に残された寺内の最初の手紙である。その冒頭に「去二十七日之御書面拝読」とあるが、その田中書翰は「寺内文書」に遺されていない。寺内の手紙は、田中が東京の政界の動きを詳報したことに感謝し、「今後の順序は御推断之通御運可申、其御覚悟可然と存申候」と、田中の示したらしい今後の政情の推移に関する判断と、それに対する方針に賛同している。田中書翰がどの様なものであったのか推測することは困難であるが、「小生は兼々申置候様に相心得候通り微力〔に〕因り其任に無之と確信致候得共、国家の難事を傍観し尸位素餐は男子の可為処に無之と存候間、若し万一大命あらは右の旨を以て御答可申上と相心得申候間、此辺御含置被下度候」と述べているので、将来における寺内の組閣を希望する文言があったことは間違いないであろう。

この前後のものと思われる意見書風のものが「寺内文書」中に残されている。それは憲政資料室の目録で「二個師団意見書・寺内内閣実現計画」とタイトルを附されたもので、「政府ノ政策ト重大ナル関係ヲ有スル師団増設ノ要求ニ対シ首相結局ノ意見ハ諸種ノ情況ニ因リ左ノ如ク判断セラル」という推察と、「右ノ判断ニ対シ陸軍側ノ執ルベキ手段順序ハ左ノ如クナルヲ要ス」という行動指針からなっており、恐らく田中が送ったものであろうと推測される（全文は山本四郎編『寺内正毅関係文書―首相以前―』に掲載されている）。

この中で田中は、政府が行政整理の成果を挙げることで政友会の声望を高めようとしており、そのために海軍を利用して陸軍の要求を圧迫し、陸軍が折れない場合は総辞職して「行政整理海軍拡張減税等ノ実行不可能ナル罪ヲ陸軍ニ嫁」する計画があると見ている。さらに、首相は他省との交渉を先に済ませた上で陸軍と交渉し、応じなければ「閣議ニ於テ包囲的ニ陸軍大臣ヲ圧迫」してくるであろうし、山県や桂に対しても仲介の労を「強制的ニ依頼」して巻き込みにかかるだろう、とも判断しているのである。そして、これに対する陸軍側の対抗策として、首相に対し、あるいは閣議の席で、国防欠陥が国の存立を危うくすることを陸相が主張すること、元帥は個人的に調停をする立場にないとして山県が首相の依頼を拒絶すること、政府が陸軍の要求を入れない場合は陸相と参謀総長が軍事参議官会議（参議官には予め根回ししておき、奉答文も作成しておく）への諮詢を奏請することを列記している。また、政変に至った場合の処置も検討されており、①首相が聖断を仰いだ場合は、内閣で決定すべきこととして桂内大臣が却下すべき旨を奉答する、②首相が内閣総辞職に出た場合は元老会議で桂が寺内を推し、山県・大山・井上が賛成して決定する、③寺内を奏薦することに決した後、井上が国防の統一に関する議論を提議し、「海軍ノ野心ヲ根底ヨリ芟除シテ国防上ノ鞏固ヲ謀ル」としている。限られた予算の中で増師を実現するためには、海軍拡張を阻止することが捷径だったのである。なお、首相が「真面目ニ」交渉を試みた場合は、増師の年限延長（六年を八年に）に同意し、後年機会を見て完成年限の繰上げを図るのが得策である、とも述べている。田中は、

要スルニ現下ニ於ケル情況ハ単純ナル師団増設問題ニアラズシテ政府ハ此機会ニ於テ政党内閣ノ基礎ヲ作成セントスル底意ナルガ故ニ増師問題ハ之レガ犠牲タルニ過ギズ、実ニ我国是ニ関スル重大

ナル時機ナリ、即チ日本帝国ハ民主国タルカ将タ君主国タルカ処謂ル天下分ケ目ノ場合ニシテ実ニ鞏固ナル意思ト堅実ナル協同ノ力ニ依リ大ニ努力セザル可ラズ

という大局観の下にこの意見書を作成し、寺内に送付したのである。恐らく上原とも共通の認識であったのであろう。「寺内文書」の「時局に関する発電」の冒頭は、十二月三日の田中宛電報の控で、「熱誠に御尽力なりしことも遂に首相の容るゝ処とならさりしは誠に遺憾に耐へす」というものであった。

寺内書翰に「京地目下ノ情況委曲御洩し被下」云々とあるのは、「寺内文書」に「時局に関する来電」として保存されているものであろう。十二月四日に始まり、桂に組閣の大命が下ることが確実となった十二月十五日に至る間の十二通の電報である。最初のものに「桂大将は予ての如く閣下を推すの意見を主張せられ元帥は閣下の前途を考へて苦心中なり」とあり、西園寺内閣が総辞職した五日には、「閣下は此際桂大将と意思の疎通を謀り予定の方針を以て事に当られるば前途必ず悲観すべきにあらずと信ず、而して桂閣下の閣下を推薦せらるゝの意思は益々強固となれり、就ては閣下に対し宮中より帰京の詔命あれば躊躇なく之に応じて帰京せられんことを切望す」と述べている。次の六日電は、後藤新平も前電に同感で、龍居頼三に書状を持たせ下関で寺内を待たせているので、一番にそれを聞いて欲しいというもの。次は七日の元老会議の様子を即日報告したもので、病気欠席した松方の意見を聞いてからということになり、何も決まらなかったという。次も七日で、杉山茂丸が桂から聞いたところでは、前日の会議で井上、大山が松方を訪問するのは松方の組閣勧誘のためで、この動きは牧野伸顕、松田正久から西園寺に運動した結果というが、杉山は平田東助の小策だと見ている。一方西園寺は桂を推し、

桂は辞退したというというもの。次は八日で、松方は半信半疑で上京し、本日宮中で会議が開かれるというもの。次は九日で、元老たちの松方擁立は真面目であり、薩派と海軍も推しており（これは平田、大浦等の策略であるとする）、八割方松方は承諾するだろうという観測で、「此の機会を利用して国防統一の企図を実行せしむる事は出来得べ」く、「此の際閣下としては全然無関係の位置に立ち自然の推移を観望せられ居ると云ふこと最も良策なりと信ず」と進言している。

次は十日付で、松方擁立は駄目になり、桂が出ることになりそうだという推測である。次は十二日、結局松方擁立は失敗し、松方が推薦した平田も辞退、現在は山本権兵衛が候補になっているという報告。次の十三日の電報は、山本辞退で「再ひ平田子に舞ひ戻」ったものの、平田が寺内をさしおいての組閣は出来ぬと辞退した。他方山県は「是非桂を起すの外なし」と決意しており、山県は桂が立たねば自分がと決心していたが、今日の会議で多分桂になるであろうが、「今後如何なる場合にて大命閣下に下るともまた遂に彼等「小策士」の術策に乗せらるゝが如きことなきを保せず、閣下は堅く朝鮮を保持して動かず、以て他日を待て、時局の改革に努力せられんことを切望に耐へず」と進言している。最後は十五日のもので、桂が宮中より出ることとなった旨を報じ、「山県公は閣下の前途を危まれあるに加へて西園寺侯辞職の際彼れの言を聞きて益々其不可なるを感じ居られたる為め、初めより桂公を出すことに決心せられたるも、平田子の献策にて一時松方侯に持ち込みたる次第なり、其他は勿論桂公を出す順序を作られたるに過ぎずと考へらる、桂公を出す為めには宮中に入られたる行掛りより余程苦心せられ、自ら任に当ると迄の決心を示して桂公の確執を解かれたるものなり、山県公は自分は世間を憚り、閣下に通信せざるも、小官よりの電報にて大略承知し呉れる様申されたり」とその経緯を述べ、「上原の転出と共に小官は今回の義理合及び世間の融和上是非本省を去る必要あり、此儀御含み置きを願ふ、国防統一に関しては必ず目的を達すること〻確心す」と自己の今後について述べている。

さて、書翰12は、田中の歩兵第二旅団長転出決定（十二月二十三日）後のものである。「今回の政変」（元老会議で揉めた末、十七日に桂太郎に組閣の大命が下り、二十一日に至って第三次桂内閣が成立した。憲政擁護運動が盛り上がる中で二十四日に通常議会が召集され、この二十七日に開会したという状況であった）については「時々御報告」したと述べている。桂首相の「御決心も固く、政党仲間も大に紛糾の有様に候得共、到底意気地張り得るや否大に観物」と述べているのは、桂内閣と距離を置いていることを示しているのであろう。また、「海軍が前内閣中に予算に計上せずして事実は昨年より着手せしが如き不誠実の仕方は、今となりては余程の痛手と相成、遂に注文中の軍艦は何とか仕末すると云ふ位いにて留任となりしも、腑甲斐なき次第」と、西園寺内閣下での海軍の予算折衝が裏目に出たことを皮肉り、山県は「殆んど退隠の有様」で「気の毒」に堪えず、これも政友会の予定計画ではあろうが、「前閣員の陋劣は恕す可らざるもの」と述べ、また「今回の政変が小策を弄する佞者の為めに国家の基礎強固ならざることを暴露するに至りし」ことを残念と述べている。

この書翰の十日ほど前の十二月十七日付の桂太郎宛の田中書翰がある。「桂太郎関係文書」に遺された田中書翰はこれ一通のみである。内容は、桂内閣成立に当たって寺内から書面を差し出したいが、時節柄差し控えており、田中に伝言を依頼したと述べ、「過般来の紛争に付ては偏に閣下の御心添に依り陸軍の威信を保つことを得たる次第、就中深夜閣下の御書面を戴きに参り候折柄の如き、実に間一髪の場合に有之、上原中将始私共実に千鈞の力を得て踏み止まり得たるは心魂に撤し居り候」と述べている。

13は翌大正二年二月二日のかなり長文のもの。これも政局についての情報である。桂の新党計画の経緯を述べた上で、今日の状況の下では軍部の態度を注意すべきであり、海軍は政友会、陸軍は新政党という様なことは避け、「陸海軍協同して政党圏外に屹然たること肝要」と主張し、将来桂新党が陸海軍の大臣に関する官制の改正（非現役か文官制）に傾くのではないかとも心配している。また、新党問題について、寺内内閣説との関係に触れていることは新しい情報である。即ち、昨年の元老会議の頃には、寺内が内閣を組織するということになれば、大隈重信や国民党は「全く無条件にて旗下に馳せ参す可き状況にあったのに、今は却って桂が「膝を屈して之を迎」えるという恥ずべき状況になっている、現在は原や松田は苦悶しているだろうが、新政党が思う様に発展しなければ、桂が寺内を推薦して野に下るとか、原等が寺内に接近することも考えられ、注意が必要と述べているのである。さらに、田中は陸軍予算に対する新党の態度を心配しており、動員・編成を参謀本部に移して政争外におくこと、そのために上原を参謀総長とすることが必要であるとも述べている。

ここで大隈が無条件で寺内を支持するはずになっていたと述べていることは、田中の大隈工作の成果であろうか。『田中伝』第七章「旅団長時代」はその冒頭に「大隈伯の歩兵第三聯隊参観」という節を立てて詳しくそれを叙述している。それによると、明治四十四年六月、田中聯隊長の招待で大隈が歩兵第三聯隊を参観したことが「当時一大トッピックとして喧伝された」とし、大隈の講演と田中の謝辞、

大隈の下士卒に対する講話、さらに、

その後大隈伯に会うたびに、「田中君は実に偉い男だ、一見十年の旧知にあった様な気がした」と云って居られたので、僕は田中君に、「君はすっかり大隈伯を捕虜にしてしまった。辣腕恐るべしだ」とひやかすと、田中君は、「辣腕とは酷評である。至誠にして動かざる者未だあらざるなりですよ、私の誠意を素直に受けて下さったのは、矢張り大隈伯の誠意であると思って居る」と答えたという長岡外史の談話をも引いている。いずれにしても田中と大隈との関係が深まったのはこの時からであろう。

大隈に宛てた田中書翰は一通しかないが、それは次の様なものである。

敬啓　益御多祥奉欣賀候。然は過日は誠に難有奉感激候。其節御話し申上候軍隊教育令奉呈候間御査収被成下度候。何れ其内得拝芝内容御話申上度候。頓首

八日　　　　　　田中少将

大隈閣下

この軍隊教育令は大正二年軍令第一号として出されたもので、後の書翰にも出てくるが、『田中伝』が引用している田中のこれについての回想を再引用しておこう。

明治四十五年、私が陸軍省軍務局長在職の際、軍隊教育令の綱領に、『軍人は国民の精華にして其の首要部を占む、従って之が教育の適否は、直に郷党閭里の風尚を左右し、以て国民の精神に偉大な影響を及ぼすものなり。蓋し軍隊に於て修得せる無形の資質は、以て社会の風潮を向上すべく、

国民の儀表と為り摯実剛健の気風を馴致して、国家の興隆を増進し得べければなり。是を以て苟も軍隊教育の任に当る者は、固より戦闘を以て本旨となすべしと雖も、其の良兵を養うは即ち良民を造る所以なるを思い、国民の模範典型を陶冶するの覚悟なかるべからず』と挿入することの御裁可を得て、軍隊教育の根本方針を確立し、良兵即良民主義なるべきを、明徴にすることができた。

大隈との関係を伺わせる一つが、紹介者の一人が帝国軍人後援会の関係者（松原晙三郎）であったということである。『社団法人帝国軍人後援会史』は、明治四十二年「手腕人格共に当代に卓越せる伯爵大隈重信氏を会長に迎ふるを得」、さらに明治四十四年二月には「かねて懸案中なりし帝国在郷軍人会と提携して、同一歩調のもとに事業の発展に邁進することとな」ったことを特筆している。以下に述べる様に、田中は在郷軍人会創立の立役者であり、同会と軍人後援会の提携を通じて、軍人後援会会長たる大隈との関係が深化していったものであろう。

書翰13に戻ると、後半で、在郷軍人会をきちんと指導して、それを一般の青年に及ぼして行くこと、機関誌『戦友』の旬刊化乃至月二回刊にしたいが経済上実行に移すことが困難であること等を報告し、指導を求めている。在郷軍人会について触れているのはここが初めてである。『田中伝』上は「第六章帝国在郷軍人会の創立」を設けて詳細な記述を行っており、その中で、

元来軍人会の設立は田中君の創意持論が発端で、山県元帥や寺内陸相に先ず進言した結果、元帥の副官であった児島君が命を受けて独逸の制度を調査研究したのである。私が歩兵課長に就任すると、陸相から成案を急ぐ様に命ぜられたが、成程主管は私の歩兵課であるけれども、その成立に発端か

ら努力して来た田中君が軍事課長として在任しているから、私は陸相に対し、田中軍事課長の介入を進言し陸相の同意で、歩兵課の立案を軍事課長が点検修正することにした

という河井操の談話を引いている。さらに河合は、

此の様に創立に関して田中君の創意卓見が多大であったのみならず、その後同君が幾多の紆余曲折に処し、その発展に終始変らぬ努力を傾けたのは世間周知のことで、今日の盛運は実に同君の熱誠と努力との結晶である

とも述べているが、この後の書翰の記述でもそれは裏付けられる。創立式典が挙行されたのは明治四十三年十一月三日であったが、それまでの遅延は「海軍側との折衝が永引いたこと、会長の適任者を得難かった事にあったようである」と『田中伝』は述べている。結局会長に就任したのは寺内であった。なお海軍が参加したのは大正三年になってからであった。田中は発会式当日は役職に就いておらず、会長寺内、副会長黒瀬義門、常務理事亀岡泰展、それに会老として山県有朋・大山巌を担いでいる。田中は明治四十四年九月の軍務局長就任と同時に理事となり、編纂講演部長を兼ねた。

機関紙の『戦友』は創立とともに発刊されている。『田中伝』は、

叙上の如く田中大将の在郷軍人会に対する期待は尋常一様でなかったが、軍人会の事情と個々の分会の発展とに傾けた努力も亦尋常一様のものではなかった。（中略）『戦友』『我が家』『大正公論』等の本部機関誌に掲載した論文も十数年の間に三百数篇となり、青年団と在郷軍人会に関する著書も十数種を数え、時折配布したパンフレット等に到っては殆んど算え切れぬ数であろう

としている。管見の限りでは、『戦友』に掲載された田中の文章は編纂講演部長に就任する前、明治四十四年五月号（第七号）の「軍隊と地方との関係」というもので、以後少なくとも七十編以上を寄稿している。書翰13でも、国民の誤解を解くために増師問題の真相を『戦友』に掲載したく、その原稿を河野の所に送って置くので、点検して欲しい、山県は記載を希望していると告げている。もっとも、管見の限りではこの原稿は『戦友』には掲載されなかった様である。なお、『戦友』は昭和十五年の三六二号まで続いた後陸軍省兵備課・海軍省人事局第二課編輯の後継誌『皇楯』（みたて）に引き継がれているが、田中の希望した半月刊や旬刊はならず、結局最後まで月刊のままであった。

14は13から二週間足らず後の大正二年二月十五日のもので、これもやや長文である。最初に「御芳書」とあり、また「過日の電報」ともあり、寺内から応答があったことがわかるが、「田中文書」には該当するものがない。手紙の内容は「最近の政変」である。二月十一日に桂内閣が総辞職し、大命が山本権兵衛に降下した後のもので、この後二十日に山本内閣が成立している。この間大衆の運動も激しく、軍政府系新聞、警察を襲撃するという事態もあった。田中はその動きを社会主義者によるものと認識、軍隊の出動が緩慢であったと批判し、また桂が解散に打って出ずに総辞職をしたことには閣員も唖然としている、桂は山本に「責任を被せて政友会を苦しめんとする権略に出で」たというが「権変に走りて国家を思はず政権を弄して益々社会の状態を険悪ならしめられたるの害悪は其責を免れ難きこと」としてこれも批判しているのである。また、上原の第三師団長転任決定、木越陸相留任の見込みを報じ、増師問題、陸海軍大臣文官制等と絡んだ留任交渉の様子も報じている。

15はその三か月後の五月十五日のもの。これも情報である。最初の情報は岡市之助次官の辞職（五月七日）のことである。岡から直接に報告したがとして、木越陸相が山本首相に従い「陸軍を破壊しても政友会否現内閣の成功を助けんとし」たことがその原因であると述べる。陸軍の経費削減をしても増師は覚束ない状態である。「官制問題」をめぐる問題についての意見も述べられているが、具体的にはわからない。山本のやり方は上出来ではないが、内閣を破壊するのは考えもので、むしろ木越を更迭する方が国家の利益ではないかと述べ、参謀本部には意見を述べて誤らぬ様にしているので安心して欲しいとも述べている。また最後に同裳会倶楽部の建屋の移転の件について報告している。この同裳会については、たて生著『陸軍棚ざらひ』（金桜堂書店）に「秘密結社同裳会」と題して次の様な文章がある。

寺内が陸軍大臣の時代に、長閥擁護の為めの秘密結社を作り、同裳会と名命し、寺内を会長として、同閥互に気脈を通じ、同閥の非は揉み消し、閥外の非は之を発くに努めたるは隠れたれど正確な事実で、恰も憲兵以外に長閥擁護の私製憲兵を配置しあるが状態である。斯くて山口県在郷将校は固より、山口聯隊在勤の現役将校も同会員なるが故に、同臭結托結束の結果は、内外相呼応して同閥の擁護に努め、其極聯隊長をして公明なる処置を採るに難からしめたる事枚挙に遑あらず。大正三年頃某将校の姦通事件ありしが、右将校が同閥なりしため、同裳会員が内外より揉み消し運動を為し聯隊長をして公平なる処置を執る能はざらしめたる如き顕著な実例である。

16は二か月後の七月十五日付で、これも長い報告の手紙である。冒頭は桂と山県の病状報告で、重態に陥った桂について、「成功の歴史を有する大政治家として恐らく公の右に出つるものは事実に於て無之、然るに御末路の不振も亦公の如きは稀に有之」と少々突き放した評価をしている一方、自己と桂の関係については「取り別け年来御懇命を蒙り候小生」とも述べており、桂晩年の両者は微妙な関係にあった様にも思われる。これは、晩年の桂が陸軍の利害より元老としての立場を優先させ、増師に対して抑制的な態度をとっていた故であろう。次いで「陸軍問題」につき楠瀬幸彦陸相（六月二十四日就任）、本郷房太郎次官（五月七日就任）等の不甲斐なきことを述べている。また、桂新党については、彼等は桂亡き後に寺内を頼るであろうという観測を述べた上で、新政党を育成する必要は認めつつも、寺内がこれに関わると陸海軍と政党の系列化（海軍―政友会、陸軍―新党）を招く危険性があり避けるべきとし、その代わりに大隈を総裁にするという便法があると提案している。ここにも田中―大隈の良好な関係が窺われる。

17は、五か月後の十月六日付のものである。これは数日前に田中の世界一周旅行が内定した旨を本郷次官から通知があったことを伝え、寺内の尽力を感謝している。またこの旅行が自分を邪魔にして放逐したという様な形にならぬよう注意することを上原の注意があったが、自分としても十分注意を払う、また本郷が上原を訪問して、「時局に応する陸軍の懸案問題」を話し合ったが本郷の意思は上原と合致したと上原から通知があり（この上原書翰は残されていない様である）、それを確かめるために本郷、上原に直接面会して詳しく聞くつもりであること、桂もいよいよという段階で、寺内にかかる負担も大きくなることであろうがご配慮のことと存ずると述べている。

この田中の世界一周旅行について『原敬日記』には次の様に記されている。

田中義一（増師騒ぎの張本人、今は或旅団長）洋行に関し、山本の云ふ所にては現職のまゝ八ヶ月斗り洋行するは不思議に思ひたるに、楠瀬に聞けば寺内の依頼によるものゝ由、而して寺内が此の如き依頼をなすに至りたるは先般楠瀬より参謀本部始め先輩との間妙ならざる様に付、之を纏めくれよと依頼せしに、寺内は夫れは自分の任なりとて快諾せしが、其報酬として寺内の依頼に応じたるものゝ如し。

旅団長在職中の長期外遊は異例のことである。この外遊に関する田中自身の意図は明確ではないが、翌年勃発する第一次世界大戦の前哨戦ともいうべきバルカン戦争等、欧州の複雑な情勢を視察するのが目的の一つであったろうと推測される。

18は四日後の十月十日付のもので、桂が命旦夕に迫ったことを伝えている。また、八日に山県を訪問して、自分の旅行一件を報告し、賛同を得たこと、桂の件について山県が「深き思に沈まれ居らるゝ」状態と共に「活気も相見へ」た、と観察している。また三浦梧楼が柴田家門を通じ、山県の言葉を伝達して桂を安心させる様に依頼したことも報告している。三浦は山県や桂等長州閥の主流とは距離を置いてはいたが、死に臨んだ桂に対し、同郷人としての「信〔親〕切」心を発揮したものであろう。

19は二週間余後の十月二十八日のもので、「陸軍の懸案に関する現在の成り行き」「山県老公の意思」「原田〔ママ〕、松田と楠瀬の対応」「首相と陸相の関係」「平田子の行動」「後藤男の挙措」「大隈伯の閣下に対する希望的依頼」「貴族院の現状（有地、山田春三等の諸先輩より聞取りしもの）」等につき、朝鮮に帰任する宇佐川一正中将東洋拓殖会社総裁に伝言を依頼した旨を伝えた上で、追加的な説明をしたものである。特に「後藤男の焦燥的挙措」と「平田子の歴史的に陰険にして堅確なる自信と誠意なき行動」については「不安の念を抱かざるを得」ないとしている。田中は平田に対し、大正政変の冒頭から一貫して、その策略的行動に批判の目を向けていることは注目に値しよう。「此際閣下の隠忍自重は自ら大勢を料理するの上策」「御帰京を御急ぎ被遊ざる方可然」というのが、時局に対する田中の意見である。さらに、「仲小路の行動」を柴田等が非難しているが、排斥の要もないとも述べている。「陸軍問題」も「原、松田の膝下に趨るが如き状体と相成候ては由々敷」ことで、「局面一変」の手段についても宇佐川を通じて伝言したとある。これは次の書翰で「一個旅団を定数外に増加して、明年よりは余儀なく其始末の為めに増師を決行せざるを得ざる破目」にする、といっているものであろう。政友会は松田の病気で「大動揺」、「大局に於ける形勢の転化は寧ろ此方面に可有之」、寺内の御判断を仰ぐと述べている。

次の20は五日後の十一月二日付のものである。最初に後藤新平に面談した結果につき、彼の新党からの脱退は後々フリー・ハンドを得るためのもの（党界攪乱の企図もあったようだが）であるとの観察を伝えている。次に「陸軍の問題」につき、楠瀬陸相は「原、松田の気息を伺ふと云ふ有様」で、このままでは「陸軍を挙げて政党之渦中に投すること」になり「痛心に堪へ」ない、現在の問題は「増師にあらずして大権の問題に推移」しているが、山県は我関せずの態度をとり、他の大将連も陸軍省、参謀本部の面々も解決の手段に気付く者もない、と慨嘆し、自分は傍観する積りはなく、先日宇佐川に伝言した如く「秘密に進言して陸軍を危地より救ふ」以外になく、「小生は万已を得ざる場合と観察せば、進て渦中に入り局面転回の手段を取る覚悟」であると決意を述べている。これは倒閣運動のことかとも思われる。他方、寺内に対しては、依然として「御帰京に適当せざる時節」であるとの見解を示しており、徹底した待ちの姿勢を推奨していることが知られる。

21は一か月余後の十二月十一日付である。田中は十一月二十日に東京を出発したが、途中で体調を失し、下関から別府温泉に行って静養したので、京城到着は十二月九日となった。この間寺内は十一月二十九日に京城を発って上京したので、田中とはすれ違いになったのである。田中は、寺内の寄せた電報（この内容は判らない）に対し同意した上で、「多年の順境に浴し居」たために「心理情体の段〔鍛〕錬を欠き協同の観念に乏しい」長州人を寺内の指導力で統一に導き、さらに陸軍部内の統一に進めることを期待している。また、病気と煩悶に苦しんでいる上原を再起させるため慰問することを要請している。

次の22は二か月後の大正三年二月七日付のものである。田中は21を発信した十二月十一日夕に満洲へ向け京城を出発したが、大連でアメーバ赤痢であることが発覚し十二月十六日から入院していたのである。手紙には「過日は御懇篤なる御注意を辱ふし」とあるが、「田中文書」には該当するものがない。田中は内地の状況を新聞で見ていて、「政治問題以外外国の威信を失墜する重大なる事体」と憤慨している。これはシーメンス事件であろう。海軍の「利我的欲望」を批判し（もっとも、「海軍軍人が昨非を覚り各個の行動を悔み居る此機会に於て、陸海軍の固き協同の観念を注入して真正なる国防統一を謀りたきもの」とも述べている）、寺内が、政治家の策動に乗せられず、「出処進退の公明正大なる」よう期待している。また依然上原について心配しており、いずれ参謀総長にとも考え、そのために差し当たり東京衛戍総督等を考えては如何と提案している。

23はローマからの六月九日付である。前の手紙以後、病癒えた田中は三月二日に大連を出発し、吉林、長春、ハルピンを経て西に向かった。彼は療養生活の間、満洲、内外蒙古、中国大陸の情勢を調査研究し、その結果を「滞満所感一～四」に纏め、中央に送っている。これは謄写印刷の上各方面に配布されたのであるが、何故かこのことは寺内宛書翰では触れていない。他方で、バルカン諸邦の軍隊改良に研究の対象になるもののあることをのべ、露、独、墺、バルカン諸国、トルコで「懇切なる待遇を受け」、今後スイスを経てパリに向かい、七月に米国に渡り、八月七日頃帰国の予定を述べている。視察の詳細は別に報告が為されたのであろうが、内地のことにも触れて、「海軍不体裁に引き続き政変相次ぎ」（山本内閣はシーメンス事件で三月二十四日に総辞職、徳川家達は大命拝辞、清浦奎吾も組閣に失敗し、四月十六日に至って第二次大隈内閣が成立している）、この騒ぎが寺内に「累を及さゞりし」ことを喜んでいる。大隈内閣の成立は「好都合」と評価しているが、大隈に対する田中の従来の評価からして当然であろう。

ところで、前述の「滞満所感」は『田中伝』に全文が引用されている。それによると、「療養中執筆し、ウイーンに於て重態を宣告されたので、東京に打電して謄写印刷せしめて配布したものである」という。また本文には「在満一友の所説なるが、今之れを上梓頒布して大方の参考に資す」とある。所感一は、第一に、満洲善後私案、冒頭山本内閣下での満鉄の総裁以下の更迭が政友会の政党人事であったことを批判、第二に、「新たに獲得せる所謂満蒙五線の鉄道」につき、場合によって満鉄を厭う「支那側」に「満鉄の現状を変更し、或は彼に日本政府持株の幾分を贈与するか、若しくは一定額の報効金を彼に納むる」等をしても「新鉄道を我が掌中に置く」必要があること、第三に、「将来土地買売、内地〔満蒙〕居住及び諸般企業の自由を得るに至らんか、水田、鉱山、鉄道及び之れに附帯する各種の事業勃然として起り、邦人の発展期して待つべきものあり」という見通しを延べ、第四に、「大陸発展が吾人民族生存の第一義」なるにも拘わらず、「政府国民相率いて大陸問題を閑却し」ていることに慨嘆、「政府たるものは須らく満蒙経営の大方針を確定し、如何にして邦人の進展を指導すべきやを講ぜざる可からず」「権威ある中心機関を設け確固たる方針の下に官民の指導を計るにあるのみ」とする。第五に、満蒙経営に関する私案として「関東都督府及び朝鮮総督府を整理併合して満鮮施設の統一機関を説くること」「満洲各地の領事を満鮮統一行政機関の長官に隷属せしむること」「鮮鉄と満鉄とを合併し満鮮鉄道会社として活動せしむること」「東拓会社をして満蒙開拓の事業に当らしむること」「満蒙に於ける土地所有権及び内地居住権を獲得すべきこと」「特種の金融機関を設置すべきこと」「関東州の防備を悉皆撤廃し之れを朝鮮に移すこと」「南満経営機関の首都を奉天に移すこと」「満蒙の興業資金は仏国借款に依るべきこと」を提案し、結論として「列国も日本の満洲に対する特殊地位は、皆之れを認め居るを以て、彼等の権利を害せざる限り、我等の平和的措置に反抗すること」なく、「平和の発展を計る」「大陸発展の事業」を増進すべしとするのである。

次の所感二は「満蒙に於ける露国の行動」というもので、鉄道を中心とする「北満及び外蒙に於ける彼が施策を子細に考慮し、之れと同時に新疆方面に於ける彼が行動を深く観察する時は、露国対外政策の深慮巧妙にして且つ大胆なるに驚嘆せざるを得」ないとし、「北満」政策については「露国、北満併呑の野心は最早今日の疑問にあらず、唯已に時機の問題のみ。若し夫れ西伯利亜鉄道複線工事成り、黒龍鉄道全通し、沿黒龍及び後貝加爾の経済状態向上するに至らば、露国東漸の勢は乂茲に一新生面を画し、其の辛辣なる政策遂行の為めには帝国の措置の如き最早其の眼中に在らざらんとす」とし、外蒙に関しては、「露国が曩に頻りに外蒙に声援して其の独立成功の為めに力を副えたるは、蓋し一に外蒙を自己の薬籠中に収めて、為し得れば其の東漸政策の先駆者たらしめ、少くも支那との緩衝地帯たらしめんが為めにして、支那政府の敢て深く北上し能わずして、外蒙軍の勢威稍々揚り、之れと共に露支協約の成立するに及ぶや期望の大部既に遂行せられた」が「企図の適切にして進退駆引に巧妙なる寧ろ嘆賞せずんばあら」ずとしている。「新疆、甘粛方面に対する野心」は「海蘭鉄道計画は具体的に其の企図を発露せるもの」、「即ち彼は先ず新疆、甘粛方面を経て黄河流域に進出し、終に海州に達して其の積年の志望を達成し、其の海蘭鉄道沿線に扶植すべき勢力を以て徐ろに北方北京政府を脅威し、南方長江河畔の沃野に列強と其の利益を争わんとす」と観測している。続いて「英露の接近と日英同盟」に触れている。「実に中原肥沃の地を征服し尽さんことを期するは由来英帝国の野望たり。而して今支那西境新疆、甘粛方面より事を策せんとする露国が十年知己の態度を以て来りて英の歓心を求」めており、若し「英露の直接握手を見たる暁に於ては、日英同盟の如き是れ全く死物のみ」「帝国たるもの須らく一は以て東洋永遠の治平の為め、一は以て日英同盟の精神を維持する為め極力英露の提携を破棄せしめざるべからず」とする。次は「露国の対近東政策」、露国は「其の力の大部を挙げて東方経営に注」いでおり、「帝国若し挙げて何等現時の情況を究むることなく、過度に日英同盟の効果に信頼し漫に日露協約の神聖を夢み、徒らに日支親善を提唱するのみにして寸毫も時局の推移に善処する所なくんば、噬臍の悔を免れざるべし」というものであった。この二の結論は、上記の状勢に対する日本の政策で、「南満に於ける鉄道敷設、鉱山採掘、永代居住、土地所有、土地経営の諸権利を獲得すること」「南満の騒擾は其の赴く儘に放任するは、是れ一面に於て支那官憲をして帝国を信頼せしむるの一手段なり」、資金不足は「之を仏国に借り、以て日露仏の経済関係を満蒙に於て錯綜せしむ」等々である。

次の所感三「満洲駐箚の我が陸軍」の「一、緒論」は「日本が将来満蒙を併合するの可否は姑く之れを措くも」「露支両国の強大なる軍備に拮抗して我が発展政策の推進に任ずべき、満洲駐箚軍隊を其の要求に適合する如く改編することは、今や絶対必要の急務」とし、二「極東に於ける日露一般の形勢」において日露両軍の勢力を述べ、「顧うて茲に至らば豈寒心に堪うべけんや。是に於てか吾人は極東に於ける日露の形勢は軍事に於て、其均衡を失せること実に甚だしきを認めずんばあらず」とし、「三、将来に於ける我が鉄道の状態」で、戦略上の必要から「日本は吉会、四洮線、開海線の促成を必要とするの外海龍、安東を連絡し、以て吉林、長春、鄭家屯の線に向い三条の鉄道を完成すること必要」、さらに「将来奉天より法庫門を経て鄭家屯に通ずる鉄道線の実現をも亦期待せざるを得ず」とすれば、そのためにも「満洲駐箚部隊の兵力を増加し、其の編成を改策するを刻下の急務となす点に於て、誰か首肯せざる者あらんや」とする。「四、満洲駐箚部隊の編成」において、日露が開戦した場合、「作戦の初期に於て既に北関〔朝鮮北境〕方面に二師団を要すとせば、近く朝鮮に増設を見るべき二師団は戦時の急に応ぜんが為め、平時より之れを咸鏡道方面に駐屯せしめざるべからず。然る時は朝鮮鉄道沿線には別に約二師団の平時駐屯を必要」「故に吾人は平時朝鮮に四師団と騎兵一旅団を配置し、満洲に二師団と騎兵二旅団を必要とする」「帝国財政の現状今遽かに大師団の拡張に応じ難きものありとするも、少くも近き将来に於ては必ず之れが実現を必要とす」とする。「五、結論」において、露軍に勝利するためには、「帝国は開戦の当初より既に露軍に対し優勢を把持し、其の行動を神速にし、且つ国軍の集中を短時日間に完了せざるべからず。之れが為め日本の将来常設すべき二十五師団中特別編成の六師団と騎兵三旅団を満鮮に配置し、且つ戦略鉄道の増設を急ぎ」等々が必要であり、また「高等統帥部」が必要だとする。

所感四「陸海軍の結束」は「陸海軍人の和合は是れ建国の基なり。然るに両者の関係は遺憾ながら円満を欠く。実に国家の不祥事にして、殆ど謂うに忍びざるなり」として、両軍が参謀総長の統轄下にあったのを、軍事参議院条例によって連携するということにしたが、有名無実に帰した、しかし日露戦後山県の封事が採用されて「我が国防方針確立し、歴海軍の兵力決定し、両者協力事に従うの基礎定」まった。ところが事実は「之れに副わず、曩に陸軍の増師案を提出するや図らずも政変を醸すの端緒となり、（中略）果然政党は此の機を其の野望遂行の具に資し、国家の重大問題たる此の国防案件を以て実に陸海軍の勢力打破に利用せり。当時軍事当事者の著意浅薄、陸海両者速かに合体以て之に当るの策を講ぜず、互に自家の計に忙殺せられ、終に今日を致せり」「陸海軍相分離して各々其の志を遂げんとするは、是れ事を誤るの始にして、能く之を成さんと欲せば両者互に正道相接し、誠意相迎え、歩調を整えて以て他に臨まざるべからず」「今や政党者流益々其の勢を逞うし、将に其の喙を帝国国防の上に加えんとす。国是擁護の重責を負いつつある吾が陸海軍須らく牆に鬩ぐの愚を再びせず、両々相倚り相扶け、以て時勢の挽回に努力せざるべからず」と主張している。

この様に内外の情勢分析を行い、それへの対応策を提言するという行為を田中は屢々繰り返している。満蒙から欧米を巡って帰国した後には、欧州情勢の分析と提言をしていそうなものであるが、残念ながら「田中文書」には見出せない。

24は予定通り帰朝した後の八月十二日付で、ドイツで寺内の息子寿一（少佐で当時ドイツに駐在していた）と会って、意見を述べ、また寺内から言付かった結婚の件も伝えて同意を得たことを報告している。次いで欧州戦争の勃発（六月三十日にサラエボ事件が発生、八月四日には英仏露対独墺の戦争となっている）とそれへの対応についての意見を述べている。事態は「千載一遇の好時期」で「支那関係を解決して国家永遠の基礎を確立」すべきこと、そして「各国の平和調停に容喙」すること、そのためには「米国と協同するも可」で、「已に一旦抜き掛けたる気勢を示したる以上匕首を袁に加ふるも辞せざる決心」が必要であるが、政府は「躊躇未決の情体」で「或は遂に有耶無耶に終るなきかを疑はしむる次第」であると大隈内閣の外交力に疑問を呈している。しかし、「閣下よりも適当なる向きへの御援助は是非とも必要」と大隈内閣への協力を奨めており、政友会の中に生じつつある「現政府若し躊躇せば已を得ず之を破壊するの外なし」という気勢に同調することには反対の様子である。

続く25は半月後の八月三十一日付のもの。田中は養生中で、「世界的の波動は益拡大して帝国将来の運命をトせんとするこの機会に」「悠々消閑」は「髀肉の歎」としつつも、過日陸相から質問もあったので、「根本に亘る支那との関係及満州の処置等に関し委曲書面に認め差出」したと述べている。「岡市之助関係文書」にはこの月だけで五通の田中書翰が残っているが、うち十八日までに発送された三通で対華政策、満蒙問題等に関する献言をしており、中国に要求すべき条項等も提示している（所謂対華二十一箇条要求に盛込まれなかった事項として、吉会線等の敷設権獲得等が挙げられている）。また「已に独と宣戦したる今日（中略）露の不利となれば日本は如何に行動す可きかの問題」や、在郷軍人会の士気を高めるため「御下賜金等の恩命に接すの光栄を与へらるゝ様斡旋方」についても陸相に申し入れたとあるが、これはそれぞれ三〇日付と二十四日付の岡宛書翰のことであろう。他方、過日大隈に面会したものの、「何となく御老人の頭脳には統一的組織なき様に感せられ甚だ心許なく」「此難局を料理するの器にあらず」と失望した様子である。また、加藤高明外相が元老連に「不人望」であることも問題視している。

26は十月二十二日付のもの。「扨数回電報にて御報告申上候通り」とあるが、この電報は「寺内文書」には残されていない様である。「御恩命の件並に海軍との協同の件共に好都合に相運び」「勅語の草按」云々とあるのは、十一月三日に渙発された「在郷軍人ニ賜ハリタル勅語」のことで、山県の尽力で調整がついた旨を、会長の寺内に報告しているのである。次に、「台湾総督の一件」につき、八月二十五日大臣より寺内宛電報に寺内から返答を得たと書いているが、これは「岡市之助関係文書」に含まれる八月二十八日付の往復電報であろう。田中書翰には佐久間左馬太台湾総督（陸軍大将）が月末に辞表を出すとあるが、実際には翌年四月まで在任して安東貞美（陸軍大将）と交代している。海軍がこのポストを狙っているといい、加藤高明が海軍側に立って岡に接触していることを述べいる。続いて増師問題が閣議を通過したのは岡の努力の結果であるとして、大隈の言い分、山県の考え等を報じている。「対支問題」についての大隈の考え（大隈が寺内に好意を持っていることも）、岡が覚書を加藤に出したこと等を報じ、また長島隆二、三浦逸平等の外交問題での「加藤征伐」の動きを伝えている。更に政友会が増師に反対しないであろうという見通しも述べている。

右に対する二十五日付の寺内書翰が「田中文書」にある。それによれば、辞表を出した在郷軍人会の黒瀬義門副会長の後任は福嶋安正大将にしたいので彼と懇談してほしいこと、台湾総督については海軍の伊集院五郎・出羽重遠等の名前が出ているが、「今日の台湾を海軍将官に指揮せしめ彼の地に在る陸軍を挙て海軍の指揮下に属せらるゝこと」は「陸軍の体面」に関わること等を述べ、「現大臣を始め彼等は我々之真に国家を憂ふるものたるを不知、常に彼等の利己的挙動を為すは頗る敬服不致」「加藤外相は八代を使ひ相協同して同志会内部の野望を実行せんか為め陸相を欺瞞せむとも不被計」「〔陸軍の人事行政は〕大体根本より誤謬に陥り候もの」と、岡陸相や同志会内閣を痛烈に批判した上で（同志会に対する寺内のこの不信感は、寺内内閣成立時の政党との提携問題にまで尾を引いている様に思われる）、寺内からの伝言として田中から岡へ人事上の忠告をするよう依頼している。田中はこの依頼に応え、十一月二十五日に岡に会い、翌日書翰も出して「閣下が単に一身の運命を内閣と始終せられては、邦家の為めにも陸軍の為めにも、又閣下の将来を全然没却する恐れあり」と警告した（「岡市之助関係文書」）。

ところで、田中の書翰では全く触れられていないが、田中は原敬とこの月の九日、小泉策太郎宅で会

談している。『原敬日記』には、

〔田中は〕一昨年軍務局長在職中（今は少将にて第二旅団長）、井上の紹介にて増師問題を説明せし者なるが、山県等にも信用せられ又近頃欧米より帰朝し色々の考もある男なりと云ふに付会見をなし、当時の事情は先達山県に内話せし通り、全く桂が此の問題を解決するに非らずして之を利用して再び政府に立たんとの野心ありし為めに当時の紛擾を醸したる顛末を告げたるに、彼も大に了解する所ありて、将来の事に関しても意志の疏通なくしては困難のみなるに付国民の前に国防の必要を説明する事肝要なりと論じ居る由を云ふに付、余は今回の世界の大戦争によりて各国の均勢破れ、東洋は其波動を受けざるを得ざるに付、米国を考慮の外に置くべからざる事、丁度山県に内話せし趣旨を物語りたるに、彼は米国にてブライアン等に面会せし事より、山県等に其趣旨を説きたる事、並に膠州湾攻撃は有害無益にて、欧洲の関係より今威力を以て之を取らずとも独逸は遂に放棄せざるを得ざるに至りたるやも知れずと断言し頗る此挙に反対せり、尤もの次第なり、而して彼は将来の国防は政事家と一致の必要あるが如き談話をなすに付、従来陸海軍と政事家と又海と陸との間にも互に軋轢するが如きは実に国家の不利此上なしと思ふ、国防問題は国民を圧伏してなし得べきものに非らず、又斯くては甚だ国家の為めに憂ふべきものなる事を説示し、彼同感を表せり、陸軍にて増師は政友会の反対によりて出来ざる様に彼云ふに付、其然らざる事実を告げ、政友会としては何等干係なし、故に余は先日全く白紙なりと公表したる次第なる事を告げたり。

とある。次の日に原を訪問した小泉が「昨夜田中は非常に満足を表し、余の去りたる後一時間も談話して去」ったといい、原は「従来軍人は政事に疎く、政友会などを誤解する事甚だしきに付、如此会合を時々なしたるならば多少の疏通とはなるべしと思ふ」と記した。

また、十一月三日に小泉から田中の「内話」を聞いた原は、次の様に記している。即ち、

彼〔田中〕は山県に説くに増師問題を解決せんと欲せば政友会に依るの外なき事を以てし、また小泉が同志会並に政友会の有志と会合して増師反対を以て内閣の転覆を企つる者ある事を告げたるを田中、山県に物語り、到底余に依頼の外なきを以てせり〔中略〕故に山県は田中を介するか誰かを介してか余に面会を求むるならんと云ふに付、余は昨夜電話にて交渉し明日面会の筈なる事を告げたり、また田中の内話に、先頃大隈を訪問せしとき増師見込あるやを尋ねたるに困難の旨を以てし、而して政友会反対せば解散すと云ふに付田中は解散にては困ると云ひたりと、また同人が井上に面会せしに井上は政友会を是迄悪評せしに反して同志会を罵り居り、且つ余の事を悪様には云はずして之を愛するが如き語気ありとて参考の為め余に伝言ありたしと田中、小泉に云へりと

実際に原は山県を訪問して、増師問題を話し合っており、その際、場合によっては増師に賛成するということを告げている。また山県は「対支問題に付大隈、加藤忠告を用ゐず、反日益々盛んなるに至れるは嘆息すべき次第」、「政府の失政を非難せし後、大隈も長くは職に居らざるべし」等と述べ、「加藤が一定の経綸もなく事々物々無定見にて其政策を誤る事を挙げて非難」したと記している。

十一月七日にも小泉宅で原は田中と会談している。このときには内閣更迭手順問題を話しているが、また田中の内話として「去五日に山県の処に加藤外相往きて、英国より十五師団の日本兵を加勢として

欧洲に出す事の請求ありとて相談に赴きたるに山県は大同意を表せり（大隈は出兵賛成なりと）」とあるがこれは疑わしい。二十日にも田中と会った小泉が原に報告に来ている。増師と解散問題である。

次の27は大正三年十一月六日付のものである。十一月二日付の寺内書翰があるが、「拝誦」等の文字がないところから見ると、すれ違いかも知れない。寺内の書翰は、福島を黒瀬の後任にする件につき亀岡泰辰に田中と相談するよう指示を出したこと、山県に対しては書翰を送り、台湾総督の件についても田中から意見を徴するよう申し送ったこと、「海軍々人を台湾に総督たらしむるは、従来の主張に反し、且陸軍のもの場処に海軍将官のあるは尤不可、且比較的海軍々人は陸地の行政に不慣故、必ず失敗に終るへし等の意見」を杉山茂丸を通じて八代六郎海相へ忠告したこと等を伝える。田中が書翰26で寺内に報告した事項に対する対応を知らせたものである。

さて、田中書翰27は、在郷軍人会の件が順調に進行していること、岡が肺炎に罹ったものの漸次回復していること、台湾総督について伊集院・出羽の辞退、岡が大谷喜久蔵を候補者として大隈に伝えたこと、山県は岡を「到底度し難き人物」と見て助力する様子がないことを報じている。

また、英仏側から増援の要請があり、大隈は「例の無造作にて同意」しようとしたが参謀本部と山県が反対して拒絶と決まったこと、現内閣は「到底何事も抱負なく意思なきは明瞭」なので「信頼すべき内閣の下に挙国一致して局面の解決に努力するの要あり」「国家の危急を救ふの途は現内閣を破壊するの外方法なし」という機運が熟しつつあること、その方法は「同志会自ら爆破するの外策な」いが、「同志会の不調和は日一日と高まり行くと云ふ次第」であることを伝えており、大隈内閣に対して完全に匙を投げていることが知られる。
右の書翰の後、解散阻止問題を巡って十一月三十日に原と田中が会談している（『原敬日記』）。原は田中に対し、
此等の事を聞くも田中は間接の人なれば、余に会見せし事を明に山県に告げて余の使たる事出来ざるやと云ひたるに、田中は今日の位地に於て不可能なりと云ふに付、然らば已むを得ず、……君は小田原に往くか書面かを以て帰京して余に会見する事必要なりと申送るべし、余は直接山県に会見して意見を交換する事必要なりと田中に告げ置きたり。
と山県訪問を慫慂した。その後、十二月四日に小泉が来て「田中義一は明朝山県を訪問する筈なり、この形勢にて議員買収等なすに於ては勢ひ増師反対に傾く結果を生ずべしと説く筈なり」と報告があり、更に六日には小泉から田中が山県を訪問した要領を聞いている。田中は山県に「何事を原が云ふか知らざるも今日の大局は早く帰京するを要すと」言ったのに対して、山県が「十四日に帰京すべし、但其前に御用あれば帰京するも知れず」と言ったこと、山県が「原が増師問題に付苦心の跡は宣言にも演説にも現はれ居れども、遂に反対に巻込まるべし」と言ったのに対して、田中は「必らずしも然らざる事を弁」じたという。そして小泉は内話として「田中は他日の発展を期する為めにもあらんが、今は殆んど政友会員の如き情況なり」と伝えている。ところが、十五日に至って小泉から、山県が解散封じを陸相に忠告したのを取り消すと田中から書翰で言ってきたので、明日田中に会って欲しいとの連絡が来る。そこで翌日原は小泉邸で田中に面会して、詳しく山県の意見を聞き、田中が山県との直接話し合いを勧

めたが、原は「我党議は二十五六日には通常なれば決定すべき順序なれば、其決定の際に増師を賛成せば同時に他の問題にて政府を責むる事となるべきに付、其節政府が解散をなすと云ふ事にては勝敗の念に駆られて猛然として増師反対に転ずるは当然の勢なるが、国防問題を政争の具となして国内を騒がすは国家の利益ならずと思ふ、去りながら山県は傍観し、余の苦心も水泡に帰せば、遺憾ながら政界は成行に放任するの外なし」と述べた。田中は原の言に感じ、明日小田原に山県を訪うて、帰京を促し、結果を小泉に報告することを約した。その田中の報告によれば、山県は病臥中なので、来訪してくれるならば面会すると言うことであった。そこで十九日に至って原は山県を小田原に訪問した。「種々意見を交換したる後増師は一か年延期となして此際削除する事を提議し、山県は政友会の態度を明らかにする為めに明かに決議文にてもあり亦明年度に於て今年遅れたる分を繰上るときは夫れにて可ならん、目下又其已上の考案もなからんと云ふに付余は然らば之を陸軍其筋に一言せられよと云ふに山県同意せり」という結果に終わった。ただその後の日記の記述に依ると岡陸相と同志会の深い関係が障害になっている様子が窺える。

次の28は翌十二月二十二日付のもの。政治状況については「屢電報を以て御報告申上候通り」とあるが、「寺内文書」には見当らない。「政治上の禍根たる増師問題を一掃する」のが急務であるとして努力していること、政友会をして「積極的に条件附賛成の立場に立たしめ」たので成功と慰めていること、岡と同志会の関係が解決の途を塞いでいること、政友会を前述の立場に立たしめ、他方解散を断行してその勢力を削がんと苦心していること、この様な行動は総て山県と打ち合わせてやっていること、陸軍当局者が世間の事情に暗いこと等を伝えている。ここから、原は解散を回避することを期待していたが、山県と田中はその裏をかいて解散による政友会勢力の削減を狙っていたこと、といって大隈内閣を支持していた訳ではないことが窺われる。

29は一週間後の十二月二十九日付のもの。この間、二十五日に衆議院は軍艦建造費を可決、二個師団増設費を否決し、即日解散された。田中は、政友会に打撃を与えつつ「国防には条件附き賛成の立場に立たしめ」、陸軍との関係を不即不離に立たせた、と自画自賛している。他方で、岡陸相が「恰も同志会中の大臣たるが如き」状態で政友会の反感を買っているので、直接間接に戒告しているとも述べている（翌年一月十八日の小泉邸での原と田中の懇談の中でも、「岡陸相に対しては山県甚しく不快を感じ居りて、彼は陸軍の立場を忘れ同志会の大臣となれりとまで罵倒し」ていると伝えている）。田中は政友会の議席を「百五、六十名」と見ており、政友・国民両党を併せると多数を占めそうなので、政友会をはっきりした野党に追いやることを警戒する一方、党人系閣僚が「総撰挙の結果に因り進退を定むる」ことを主張し「政党内閣の例を作らん」としているのも憂慮の種であると述べ、「要するに最安全なる法方としては此際解散と云うことと全く関係なく、何かの故障の為めに自働的に内閣自ら総辞職すると云ふことが適当」と考えられるといっているが、具体的にどの様な手段を考慮していたのかは判らない。

30は翌大正四年一月九日のものである。冒頭「御芳書」とあるが、これは「田中文書」にある寺内の一月五日書翰のことで、十二月二十二日・二十九日の二通の田中書翰に対する返信である。その中身を見ておくと、解散により増師は流れたが諦める以外にないこと、岡陸相は軍備問題を軽視している訳で

はないと言って来ていること、

今後総選挙の後に於て其結果若し政府側の勝利となれば誠以増師其他に好都合に可有之乎と存候。若し政友会多数を得、国民党と提携し軍備に反対するか如きこともありとせは、時局は甚困難となり可申、由て思ふに陸軍は終始不偏不党の態度にて、万一反対党多数ともならは現政府をして今一回解散を挙行せしめ度しと考へ申候。此間陸軍は世上の雑誌其他信書に世界之動勢幷に欧洲の戦況戦備の多寡、国防之必要等荒(ママ)ゆる軍備問題を手短に簡易に説明し、世上の曚知を開眼せしむること必要に可有之と存申候

と政党間の争いに巻き込まれることを避けるよう注意している。また、「陸相幷に参謀総長、教育総監は時々会合せられ無腹蔵意見を闘せられ、先日御申越の通り陸軍内部の腐敗幷欠損を修補することに力められ度」、陸軍は二個師団にのみ熱中せず「将校の品位教育」他の欠損を医することが重要であると陸軍内部の改善に取組むべきことを示唆し、今後における陸相や参謀総長(長谷川好道)の進退についても触れている。

さて、一月九日の田中書翰は、近く発令される人事について詳報し、総選挙については政府党も政友会も楽観的であること、暮れに岡陸相が増師賛成党(政友脱党組も含む)を招待したため、政友会の悪感情を招いていること、山県も岡に批判的で退職すべきという口気であること、岡は苦言を呈する田中にも「嫌悪の口吻」を示すので最近は会っていないこと、また年末に山県を訪問した原も岡陸相に忿懣の言葉を発していたことを伝えている。その上で、山県・寺内・上原・田中と疎隔した岡は、大隈・加

藤に深入りし、「陸軍の欠陥は最早其儘打ち棄置く可らざる」状態にあるので、対策を立案する積りであると述べている。

次の31は二日後の一月十一日のもので「山県元帥閣下の意見」とあり、これと同じものを陸相に渡したという。これは中将から大将への名誉進級の是非に関する問題で、末尾の三行で、岡による対応を伝えており、陸軍内部の調整がどういう形で行われていたかを知ることが出来る。

この後一月十八日に原はまた小泉邸で田中と懇談している。国防問題と岡陸相について話し合っているが、原は帰り際に「山県は田中をして岡に説き辞職せしめよと云ふ事にて田中も困り居る由」と小泉から聞いている。なおこの後暫く『原敬日記』には田中は登場しなくなる。

その次の32は同月二十日のもので、内容は31に続いて、進級の問題である。「別紙」とあるが、その別紙が31である様にも思われる。31には本文中に日付がなく、封筒表に「前書面中に封入す可きもの」とある。その前書面が32と思われる。岡が現職にあることは外交、就中対華問題に不利益と山県は考えているが、岡は全く気付いていない。次は対華問題で、「日置の提案」というのは十八日に袁世凱に行った二十一箇条の要求のこと、田中は最終的に決心を固め威力を応用する覚悟が必要と考えている。台湾総督の問題も決定せず。政治上の模様は大きな変化はない、選挙の結果の如何にかかわらず、臨時議会に増師案を提出することは疑いない、としている。また、同裳会や養成所、軍人会の状況にも言及し、自分があちこちで講演したものを一冊に纏めて出版する積りなので批評を請いたいとしている。

33は、四日後の一月二十四日のものである。32で触れた原稿を郵送したので目を通して欲しい、「欧州戦争の教訓」とでも標題を付すべきかと思うと述べている。これは、大正五年に不二書院から刊行された『田中中将講演集』または同七年に新月社から出た『欧州大戦の教訓と青年指導』のどちらかであろう。他にも田中の著書は少なくないが、この時期に刊行され欧州大戦に触れているものは右の二点である。書翰では「第二巻も作るべきか」と述べているので、後者がそれに該当するのかも知れない。また、この日訪問した大隈の動静として、解散の口実が出来たことをよろこび、選挙については「楽観に過ぎたる推断に酔ひ居」るが、臨時議会で政友会が反対すれば再解散の決心まではついていない様子、と観察しており、国防問題（増師のことであろう）は「議員の大勢は反対せざる様に仕向けたきもの」だが成算はある、としている。

これに対する一月二十七日付寺内の書翰が残されている。「陸相と人事、対山県元帥との関係」について陸相から電報を受けたので返電しておいたとし、その往復電報を添付している。また、「人心指導上必要之著書の件承知」、「一読」の上「卑見は其節欄外へなりとも記述し御一覧に」供す積り、とした上で、「予後備将校の退職後何等為すことなく所謂無為徒食之不可なるを指的［ママ］し、為国家仮令へ軍務を退くの後も各自の分相応に為邦家」「何なりとも国家の利益に可相働、間接直接に為軍国尽瘁すへき旨教戒示指すへきこと目下頗る必要と相感」じているので「御一考を希望」する、と在郷軍人の指導につき指示している。また、政情については帰任した山県伊三郎政務総監からも聞いており、「政友会にも多少気の毒之行掛も有之由、何にしても選挙後の形勢を不見は最後之断案」は難しく、その前は政治関係に立ち至らざる様注意、「大隈伯気炎万丈結構至極、然し選挙費に各官衙の機密費用等の使用に出るか如きは尤も不可なる事と存候間其辺は御注意必要」と注意を喚起しており、中国問題に関しては、「外交之事当分結局に至り申間布、元来今回之提案如きは青島攻撃之当初に於て計画し攻略の片付たる後凱旋祝撤兵の前に持出してこそ処置の方法も付可申」、撤兵後に「従前に反して難題の持込は少々支那人には腑に落ち申間布」等と述べている。

34は、半月後の二月三日付で、「玉翰拝読」とあるから二十七日付の寺内書翰に対する、実に長い返信である。寺内が岡に対して、増師の始末がつかない間は退任出来ないというのは尤もだが、「軍政上の重要事項」は「山県元帥の意見を叩」くべき、と意見したことに「御尤の御処置」としつつも、山県が岡を嫌悪するので苦心している、と報じている。また、眼前の大問題は「支那に対する処置」で、袁は日本の政情を窺いつつ独米の干渉を誘っており、日本は武力行使も辞せずという態度を示さなければ解決困難だが、岡にはこの決心はない、欧州戦争もこのままでは独の勝利となり、蘭印は独の領有に帰して「日本は手も足も出ぬ様に相成」るので、英仏露三国のためではなく日本のために、露に兵器を供給して独に打撃を与える必要があるが、これも岡では困難と観察している。その上で、寺内が帰京して岡を後援することを希望する一方、前夜に岡に会い、適当な機会に辞職して再起を図るべきことを忠告し、岡も「大に其懇意を諒とせし模様」であったと述べている。田中の見立てでは、山県が陸相の後任に推している大嶋健一次官が不誠実なのが原因で、岡が大嶋に職を譲って再起を図るか、寺内が岡を援助するかが考えられるが、後者は山県・寺内間の疎隔を引き起こし「国家の一大事」となる恐れがある、とのことである。また、寺内が提起した予後備将校の問題については、在郷将校会を組織して在郷軍人会分会から将校を切り離す積りであるとしている。次いで、「全国統一的に青年の指導教養の途を組織的に実行する団体」の実現に努力しており、過日送付した「少国民の教養」と題する原稿はそのためのものであると述べている。田中には青少年教育について何冊か著書があるが、ここで言及しているのはこの年博文館から刊行した『社会的国民教育――一名・青年義勇団――』であろう。各国の青年教育を比較し日本の青年教育機関のあり方について提言したものである。

35は、一月後の三月三日付である。過日披露した冊子につき、山県は「絶対に削除の要無之」といっているが、陸相、参謀本部からは多くの削除を要求され、寺内の指示もあるので、大分修正した上自分の名義で発刊する積りで、「少国民の教養」を先に発行することにしたいと述べている。次に「対支問題」について、中国は日本が東部内蒙古に優越の地位を占めることに不服、思い切った態度を示さなければ解決困難、独公使は日支間の紛糾を露英の牽制に利用しようとしている、外務省はその経緯を山県のみならず首相にも詳しく報告していないので、陸相から内閣における報告を聞く以外にない、とある。また、陸相は総選挙（三月二十五日に実施され、政友会が大敗、同志会等の大隈与党が過半数を占めた）の機会に辞職するというので、反対し、寺内と相談の上にする様にと言って置いた、山県の真意はわからぬが、総選挙で政友会を抑えたことで政友会は陸相を恨んでいるので、更迭は有利という考えでは、と推測している。田中は二月には岡に対し、適当な時期での辞職を勧告しているが、この段階ではまだその機会ではないと見ている様である。他方、山県は長谷川にも辞職のことを言っており、後任に上原を考えているのではないか、と見ているまた、先日山県が大隈伯に日露同盟促進の書面を送り、大隈は調査の上相談すべしと答えた、といった情報が示されている。

次の36は三か月後の六月十五日付である。この間寺内は、四月七日に帰京し、六月三日に東京を出発して朝鮮に戻っている。寺内の在京中は直接会うことが可能なので、書翰の空白が生じたのであろう（他方で寺内は三月中に、田中から見せられた『少国民の教養』の読後感を書き送っている）。書翰の内容は、出発前に寺内から言づかった伝言を山県に伝え了解を得たこと、その後山県には面会の機会がなかったが、井上馨が密かに帰京したところを見ると、「対支善後の計画、満蒙の処置」等を談合するものと推察されることを伝えている。これは、『山県談話（続）』にある四元老会議のことで、六月二十三日に山県・井上・松方・大山（即ち当時存命だった全部）が井上邸に集まって対華・対露外交の転換を決議し、翌々日には大隈を呼び出してこれを勧告した（井上は加藤外相の更迭を要求している）。また、青年教育の冊子の地方への散布は八万部に達すると思われ、気運が高まりつつあり、文部大臣も組織方針に関する訓令を発する見込みであると報じている。

次の37は一週間後の六月二十三日付である。「御芳翰拝誦」とあるが「田中文書」にそれらしきものは見当らない。内容は、去る二十一日に山県を訪問したところ、井上との会談はやはり日露同盟促進の件で、「此際日露同盟の促進を要するは、他日日露独の関係親善となる場合を顧慮し、間接に日独間の親善と云ふ意味も含み居ること〻被存」こと、対華改善については加藤在職の間は出来ないであろうとの見通しであることを伝え、「支那が政府並に革命党等一致して排貨を煽動する際、我国民是を厭ひ若くは恐怖するが如き態度あるは実に遺憾千万」と歎息している。

前述の元老と大隈の会談結果を伝えるのが七月三日付の38である。山県は「日露同盟、満蒙善後処分等に関する意見交換」をする積りであったが、加藤を排斥する井上・松方に対し、大隈は加藤のみを辞めさせることは困難で総辞職の他なしと応じた。そこで各元老が井上邸に会合し、大正政変の再来を恐れる山県が調停を試みたが、井上と松方は寺内を後継としたらよいと主張したという。また、議員瀆職事件の大浦兼武への波及を山県が懸念していること、大隈の上奏を契機として大山が内大臣辞任の意向を示し、山県が慰留に苦心していること等にも言及しているが、注目すべきなのはこの報告が田中に対する山県の指示でなされたことである。元老との衝突による大隈内閣の突発的退陣をにらみ、寺内に心積りをさせておこうという意図によるもので、田中も「閣下として万一の場合に処する御思慮有之候て可然」と進言している（他方で、「何となく感情により無理に突き落すが如き勢を世間に示す」様では「国務の運転上一種の障碍を招く」ことになりはしないかと懸念も示している）。

さらに三日後の七月六日に書かれたのが39である。井上・松方の感情は融和していないが、山県は無理な倒閣が大正政変の二の舞となるのを恐れ（田中もこの判断に同意している）、当面内閣を支持しつつ日露同盟問題を加藤に突き付ける考えであるとし、この融和的態度の裏には大浦と平田の運動があると観察している。また、山県伊三郎が入京したので自分が休暇で離京しても「御不自由は有之間敷」と思うが、差支えがあれば連絡して欲しいと述べており、田中が東京における寺内の耳目をもって自任していたことが窺われる。この他、自己の地方転出説があるとして、その場合の在郷軍人会・同裳会の処置についても相談している。

次の40は十日後の七月十六日付で、井上に面会したところ、加藤在職中は内閣に関与する気はないが、無理な倒閣は避け興津に帰る積りであるといっており、山県の考えに近づいていたこと、牧野伸顕・安楽兼道等が岡崎邦輔等と共に山本権兵衛の復権を画策している旨を山県に報告しておいたこと、真鍋斌の参政官登用に非難が多いのは尤もであること等を報じている。

七月二十九日付のごく短い41（水害見舞等）を挟んで、大隈内閣が総辞職を決行した後の八月三日に42が出されている。松方は総辞職を快く思っている一方、井上は加藤を除いて留任させたい考えで、山県も含めて元老の意見は留任勧告でまとまる見込みであること、山県は大隈が留任勧告を受けると見ているが、加藤が去れば内閣は持続困難と思われることを報じ、大隈が勧告に応じない場合が問題で、「此処十日間位いは到底落着は致す間敷」き情勢であるとの見方を示している。

田中の観測とは裏腹に一週間後の八月十日には、大隈内閣の改造で政変は一段落した。同日付の43は山県の指示でその経緯を詳報したもので、山県が元老の意見を取り纏めて大隈を説得し、大浦と加藤の更迭で済ませたこと、外相の後任は珍田捨巳、本野一郎、石井菊次郎が候補となっていること、岡は田中には辞意を漏していたが留任の意向の様で、田中としても大嶋よりは岡留任の方が望ましいと見ているること、大隈は初めから留任の腹であったこと等を伝えている。また、『東京朝日新聞』に載った、田中が山県に寺内のことを進言したという新聞記事は「跡形もなき無根の記事」であると弁明している。

これは、八月七日付の「寺内伯と後継内閣　予め山公へ謝絶」なる記事に、

現内閣結局総辞職すべしとの仮定の下に寺内伯に後継内閣の組織を属望するもの諸方面に尠からざ

るが、是等の事情は一々寺内伯に伝へらるゝものと見え、伯は数日前山県公に対し、如何なる推薦を受くるも決して後継内閣を組織するの意志なき旨を予め表白したり。二三日前田中義一少将が山県公を訪問して寺内伯を後継内閣の組織者に推薦するに反対したるは、単に陸軍側の希望を告白したるのみにあらずして寺内伯の意向を山県公に伝達する使命をも帯びたるものなりと。

とあるのを指しているのであろう。続いて話題は在郷軍人会に移り、御大典後の観兵式の際に全国在郷軍人分会長の大会を開催することを提案している。また、山口県の武学生養成所の事業成績や、朝鮮駐劄憲兵司令官の立花小一郎が師団長に転出を希望していること等にも触れている。

次の44は翌月九月一日付で、非常に長文のものである。本野駐露大使・井上勝之助駐英大使を通じてロシアへの兵器供給の依頼があったが、露国が不利な状況では日本が矢面に立つ覚悟が必要で、そのためには在庫兵器の提供は危険なので、新規製造して提供した方がよいことと、見返り（ロシアは長春―松花江間の鉄道権益の譲渡を示唆していた）は謝絶して無償とした方がよいことを田中から山県に進言して同意を得たので、民間も動員して小銃と弾丸を大増産させ供給する研究を進めていると述べている。また、井上馨が危篤であること、青年団組織の件は、内務・文部両省と交渉の末、大体田中の提案通りに意見一致したこと（訓令案及び組織標準案を添付している）、在郷軍人会の大会は是非実施が必要で、山県・大山・加藤友三郎海相にも相談し賛成を得ていること等を報じ、寺内から山県・大山へ大会開催に当っての協力依頼を出して欲しいと要請している。

次の45は半月後の九月十四日付のもの。冒頭に「尊翰謹誦」とあるが、該当する寺内書翰は見当らない。内容は井上の死去に言及した上で、在郷軍人会大会に関する打合せに移り、山県・大山との打合せや寺内会長の宣言書に言及している。また、寺内書翰は兵器の対露供与、満蒙問題、袁世凱の即位希望等についても言及していたらしく、田中は「一々御同感」だが「現政府の如き万事引き込思案」では「解決覚束な」く、当面は静観するのが得策であると応じている。また、自身が明石元二郎の後任として参謀次長に内定した旨を述べ、「公務上には閣下と衝突することなきを保せず、其辺は予め御断はり致し置く」と予防線を張っている。

田中は十月四日に陸軍中将に昇進し、参謀次長に補された。46は転任後最初の書翰で、職務に尽力する決意を述べた上で、緊急の問題である「支那之帝制に対する帝国の主義」について、帝制承認、反対派取締の方針で陸相と交渉したので、明日の閣議で確定する筈との見通しを示す。また、在郷軍人会大会の準備が着々進行していることも報告している。

武蔵電鉄問題（これまでも屢々言及されている）に関する岡田治衛武と早川千吉郎の動向を伝えた十一月十二日付の47までが大正四年のもので、次の48は五年二月七日となる。この間、四年十二月二十一日と五年二月二日付の寺内書翰が「田中文書」に遺されている。前者は、寺内が山梨半造を何れかのポストに所望したと大嶋次長（次官の誤記であろう）が話していたが誤解である旨の説明で、後者は対露援助問題である。この年一月十二日に入京したロシア皇帝名代ゲオルギー大公は、山県を訪問してロシアへの兵器供給を要請したのであるが、一月二十二日には寺内も大公と面会して、二千万発の弾薬供給につき「多分好都合に研究することゝ思ふ」と答えており、田中に対しては、「尚今後一層御尽力彼之満足は六ヶ敷も我厚意を感ぜしむる迄には御配慮相成度」と依頼している。寺内は大公に陪従して一月末に帰任したが、三十日には京城でロシア東亜局長コザコフとも会談し、兵器供給や協商問題について協議したとして、その筆記（安達峰一郎公使が本紙と共に田中の許に持参した）に拠って山県や石井外相との調整を田中に依頼しているのである。48の田中書翰はこれを受けてのもので、石井外相はロシアとの「同盟的協商案」を起草はしたが、各方面に反対が多いので「真実決行の心組は無之様に相見へ」る、と観測している。また、減債基金還元問題に絡んで貴族院で予算不成立となりかかったが、山県が介入し、議会終了後の大隈退陣を条件として収拾した経緯を述べた上で、大隈が「暗に閣下に後を譲るの意味を示された」こと、山県が後継は超然内閣と「暗に閣下の事を示され、伯も之を承諾致されたる模様」であることを報じている。ここから、半年にわたる政権授受の交渉が始まるのである。また、還元問題では平田東助も尽力したこと、後藤新平の「表裏反覆の態度」に山県が「愛想を尽かされたる様子」であること、予算不成立の危機に岡・大嶋が拱手傍観していたこと等、要人の向背についても逐一言及している。

この前後に田中が作成したとおぼしき「今後に於ける大隈伯の政治的行動判断」なる書類が「寺内文書」にある（山本編『寺内正毅関係文書』に収録）。

これによると、大隈は後継総理に加藤を推したいが実現困難なので、山県が希望する寺内を推挙して「隈板内閣ノ如キ」寺内加藤連立内閣を組織させ、同志会を与党とすることで寺内に自己の政策の踏襲を求め、機を見て寺内から加藤への禅譲による同志会内閣の成立を図る、という基本戦略を抱いているとする。そして、その実現の手段として、先ず寺内を、次いで加藤を説得して連立政権樹立の内諾を得、その後山県の了解を取り付けて天皇に寺内加藤への大命降下を奏請するという手順を踏むと観測しており、大隈が既に右の大要を「過ル廿四、五日ノ頃」に内奏済なのではないかとも推定しているのである。更に、寺内が考慮すべき点として、①後継首班は寺内しか考えられず拝辞は山県を窮地に追込むことになる、②「単純ナル超然内閣」は「時勢ノ要求」に合致しない、③「加藤男ノ為メニ内閣ノ運命ヲ掌握セラル」るのは不利、寧ろ「同志会ヲ牽制スルノ用意」が必要、④大隈を援護者、少なくとも好意的中立者たらしめることが必要、の四点を挙げ、大隈の連立内閣論に対して政友会や貴族院をも網羅した挙国一致内閣を逆提案すべきであるとする。大隈も「一旦聯立ヲ唱ヘラレ党弊打破ヲ標榜セラレタル関係上、更ニ一歩ヲ進ムル名義」の挙国一致論には反対出来ない筈であるし、仮に不同意であれば「他元老ト絶縁シテ自ラ継続シテ内閣ヲ維持スルノ外ナ」い困難に陥るので提案に乗って来るであろうというのである。後で見る様に、七月に大隈と寺内が展開した政権授受の交渉は、田中の想定した筋書通りの応酬となっており、彼の政局勘の的確さが窺われる。

次の49は二月十三日のものである。日露協約は一両日中に確定する予定で、秘密協定によって純然たる攻守同盟になったこと、ハルビン以南の鉄道権益と引き換えに兵器を供給することを伝える。また、大隈が引退する場合は政党の分野も変化が予想されるが、大隈が「〔寺内〕伯が当局者たる場合には大に助勢する考へ」なので制御は寧ろ容易になるであろう、平田も「閣下を推すの外無之と考へ居」り、「天が閣下に機会を与へた」状況になりつつあるので、「此機会を捉へて為邦家抱負を試みらるゝは自然の要求に御座候」と、「今より御覚悟、且つ相当の御心構へ」をしておくことを求めている。他方、中国情勢に関しては、袁世凱から人心が離れているので、「彼れと心中は出来不中」「新なる一の経路を案出するの外有之間敷」と袁に見切りを付けていることが知られる。

続いて二月十九日付で50があるが、これは49と行き違いに届いた十二日付の寺内書翰への返信である。寺内の書翰は48への返書で、予算問題での田中・山県の労をねぎらうと共に、政局に対する後藤新平の挙動について、「如何なる考」に基づいているのかを尋ねたものである。また、コザコフとの会談筆記の取扱いについて注意を求めている。これに対して田中は、公開・秘密の協定文を添付した上で、コザコフとの会談筆記は上原参謀総長以外には見せておらず、山県の手許に止め置くので安心されたいと応じている。また、後藤には最近会っていないが、彼は各方面から疎外されて焦っており、そのせいで「又却て他の嫌悪を招く」状態になっているとの観察を披露している。その外、議会終了後に岡陸相が辞職する予定であること等にも言及している。

次の51は二か月近く後の四月九日付である。この間に三月九日付の田中宛寺内書翰があり、岡の後任問題と上原の健康状態を尋ね、「是非ともハルピン迄は我に於て使用することに致置かされは将来の厄介なり」「支那が独逸勢力を一掃することは」「将来の日支貿易関係に於て好機会乎」と主張している。これに対し、田中の書翰は三月三十日に大嶋が陸相に昇格した後に出されており、これが九日付寺内書翰への直接の返信か、これ以前にもう一通返信しているのかは判断しがたいところである。書翰の内容は、「露国関係問題も御来意の通り」ハルビンまでの鉄道使用権を要求していること、ロシアは日露ではなく日英露仏の四国同盟を希望しているが、日中間の条約にロシアの承諾を必要とする条項があり同意し難いこと、それ以外には概ね同意可能なものであること等を伝えている。また、袁世凱は退位しようとしたり思い止まったり、また日本を中傷したりと迷走しており、彼の存在が「支那の治安を攪乱」する要因となっており、「袁を支持するは不自然」であると主張している(田中はこの頃反袁政策を主導していた)。さらに政局について、山県を訪問した大隈が前言を翻して加藤を推したが、山県は寺内「ならでは時勢に応する施政者は無之」と応じたとも述べている(これは、『山県談話』に見える三月二十六日の山県—大隈会談のことである)。最後に『壮丁読本』につき、全国の分会や中等学校へ自費で一万六千部を無償配布の予定であること、朝鮮では総督府が四、五千部買上げて配付することを依頼している。

次の52は、封筒の書込みから五月九日付と推定される。冒頭に「尊書拝誦」とあり、四月三十日付の寺内書翰への返信である。寺内は、上原から寺内への書翰によると「小生か(上原)大将に向て貴兄を中傷せしか如く取られ」ている様だが誤解である、と釈明している。これは、四月二十三日付の寺内宛上原書翰に「田中中将云々ニ対シテ之御云為ハ甚タ心外トスル所ニ存候」とあることであろう。『上原勇作関係文書』にはこの時の寺内の発翰は残っていないので、寺内が何を「云為」したのかは不明であるが、この頃の上原が田中を高く買っており、三月七日の寺内宛書翰で岡陸相の後任について、順序からいえば大嶋健一だが「田中中将ヲ挙ケ候方最も時宜に適スルモノト信シ候」と述べていることから見て、田中の陸相は時期尚早であるといった反論をしたのではないかと思惟される。寺内はまた、軍中央で計画されている将校補充法改正についても注意を喚起している。これに対して田中は、中傷云々については「何等介心の儀は無之」「御懸念被成下間敷」と応じ、且つ従来「袁世凱保持」を主張していた寺内が今はどう考えているか伺いたい、と尋ねている。また、将校補充については、自分は下士官からの登用は「准将校に止める考へ」で、陸軍省や教育総監部も同意しているので安心されたいとも述べている。

次の53は日が確定しないので52の後に配置したが、内容から見ると52より前の五月上旬のものと思われる。山県の病気も快方に向かっているが、はかばかしくないこと、大隈も山県の帰京を待ち進退を決する覚悟であること、岡前陸相は不治の病で、彼の陸相在任中に「難題も片附」けたので何とか生前に適当の恩命に浴し得るよう心配していること等を伝える。また、対露交渉は行悩み、袁は救い難い状況になっており、段祺瑞、馮国璋と南方派の争いになるとの見通しを示し、「二兎を追ふ者は」云々と「両天秤の政策」を批判している。また、「今回の対支問題に関する仕事は小生隠微の間に総長にも知らせず陰謀的に行ひ居る様に被思召」ている様だが「実に心外此事」「右様の事柄は絶対に有り得可らざる事」と反発している。四月三十日付寺内書翰の釈明はこの件に関するものであろう（53と行き違いに寺内の書翰が届き、田中も納得して52を出したのであろう）。

53及び52が発信された後、田中―寺内間の往復は二か月半程途絶えており、その間の六月二十四日には寺内が元帥に列せられている。この二か月間に政局が大きく動いているので、『山県談話』に拠って両者の動向を見ておきたい。五月上旬に田中が大隈を訪問し（右の書翰で大隈の覚悟を云々しているのがその結果である）、山県―大隈会談の場所を小田原の古稀庵に変更する段取りを付けたものの、山県の病勢が一進一退であったため遷延した。その後六月二十一日には田中が小田原に山県を訪問して、①大隈は山県との会談により「円満なる解決を遂げむ」と希望している、②寺内の上京予定があるので大隈—寺内会談を持ちたいが山県は同意するか、という大隈の意向を山県に伝え、同意を得て寺内の上京を促した。田中は再び大隈と会談して、大隈の底意が寺内加藤連立内閣にあることを看取し、山県に報告した上、寺内を京都に出迎えて東京の情勢を注進した。この間の六月二十六日には大隈が大正天皇に辞意を奏上し、後継として寺内と加藤を推薦している。

寺内は七月六日に上京し大隈と会談した。田中の観察の通り、大隈は自己の退陣後に寺内が「同志会を基礎と」し、「加藤男と談合し提携」することを求めた。これに対し寺内は、「一党一派に偏して内閣の基礎を置くは甚だ不可」と突っぱねている。山県によれば、これは「平田子、田中中将談合の上田中中将が京都に於て寺内伯と打合せたる順序通り」であったという。寺内は九日に大隈と再度会談して再び不偏不党の政権を作りたい意向を伝え、大隈に対して山県との会談を促した。これが七月二十二日の大隈—山県会談につながるのである。

54は七月二十六日付で、寺内は箱根に滞在中である。前夜に山県から呼ばれた田中は二十六日朝の急行で大隈と同行し、寺内から山県への返答を大隈に伝え、直ちに帰京した。大隈は山県とも寺内とも意思疎通が出来ているので、円滑に転換し得るだろうと楽観している上、「一図に閣下ならではと考へ居らる様」で、予備計画は持ち合せていない様子であると、田中は観察している。また、同志会との関係についても、「先づ加藤子に相談す可しと云ふ条件位い」で折合いが付きそうなので、「政同何れを先きにするかと云ふ小問題」はあるが、「或る程度迄は寛容に包容遊され候方挙国一致の御主義にも相叶ふ様に被存候」と、同志会との妥協を奨めている。

寺内は二十三日に山県に招かれて「貴衆両院を以て内閣を組織するの襟度を以て、外寛容に内質実なるへきこと」を勧告されたが、平田と相談の上で、加藤との連立や事前協議は一党一派に偏するとして謝絶の回答をしていた（『山県談話・続』）。田中が車中大隈に伝えたのは寺内のこの意向であるが、田中は事前協議程度であれば包容した方がよいと見ていた訳である（山県は大権私議に当るので謝絶止むなしとしている）。寺内は、大隈には退陣以外の選択肢がないので自分から譲歩する必要はないと考えたのかも知れないが、大隈は二十六日に帰京後拝謁し、寺内が後任を断ったことを上奏して「汝此儘在任しては如何」との御言葉を引出している。斯くて政権の授受は一先ず仕切り直しとなったのであった。

次の55は八月三十一日付の短い書翰である。この間にも寺内・山県・大隈三者間で直接・間接に交渉が続いており、田中も三者の間を往来して山県・寺内の耳目の役割を務めている（『寺内正毅日記』によれば、八月五日には朝田中が大隈と会談、午後にはその結果を寺内に報告し、それに基づいて翌日寺内―大隈会談が開かれている）。この辺りから短い書翰が多くなってくるのは、田中と寺内の接触が頻繁になっているからであろう。書翰55も、冒頭に「昨夜は遅く迄御無礼仕候」とあり、前夜に寺内宅で懇談していたらしいことが知られる。上原を通じて松方の意見を確かめたところ、「閣下の主持せらるゝ御意見」（事前の連立協議を拒否して挙国一致を目指す方針のことであろう。なお、寺内は政・同両派から閣僚を採ることは否定していない）に賛成だが、局に当たることを辞する様な口気を洩らさぬよう強く希望して居られた、と伝えている。

次の56は二か月後、政権授受問題がいよいよ佳境に入った十月四日のやはり短い書翰である。「昨日御申聞けの一条」は平田と打合わせの上、入江貫一を通じて山県に伝えた、とあり、相変らず田中が要人間で奔走していたことが窺われる。山県は寺内が困難な条件を持出すことを心配しており、「成る可く淡白に挙国一致の御本領と、各元老の好意的援助を喚起」する位で留めてはどうか、と述べている。この日、大隈の辞表捧呈を受けて元老会議が開かれ、満場一致で寺内を奏薦、寺内は参内して「熟考の上奉答すべきことを言上した」。同日夜、山県が寺内を招いて、政同両党とも協力して組閣すべきことを勧告したが（以上、『山県談話』）、57はその遣り取りの続きと見られる十月五日付のごく短い手紙である。山県は「此問題を順当に解決する思召を以て御懇談被為遊様切望」している、との伝言であるが、これが当時交渉が進行していた平田の入閣に関することか、それとも加藤との交渉を慫慂しているのかは明確でない。

次の58は、二日後の十月七日のやはり短い書翰である。寺内が政友会と提携する場合、「大抵は所望に近き」反応が得られそうだとして推奨している。また、「混沌なる状況」では「諸種の情報、疑問」に捉われず、「自ら考へ自ら定めて情況を其方針に導く」のが最善である、と助言を試みている。結局、寺内内閣は更に二日後の十月九日に至り、政友会から協力的な態度を引出しつつも、衆議院から閣僚を採らない超然内閣として成立した。同志会との提携を推奨した山県の意向、挙国一致内閣に向けた田中の期待を振切り、寺内は独自の道へと踏出したのである。

寺内内閣の発足後、寺内宛の田中書翰は半年程の空白期を迎えている。もっとも、寺内の日記には田中の来訪の記事が散見され、疎隔していた訳ではないことが知られる。59は大正六年四月三十日付のやや短い書翰である。田中は翌五月一日から二か月間の日程で中国視察を予定しており、それが「愈々明一日出発」との文言に顕われている。書翰の内容は、対露関係の書類を送る予定なので一覧を請いたいこと、欧州大戦の教訓を反映した陸軍の充実案が進行していること、また薩派が山本権兵衛を平和会議の使節にする運動をしていることである。

次の60は中国旅行中に奉天で書かれたもので、「昨日当地に着」とあり、『田中伝』によると奉天着は六月十七日なので、この書翰は十八日発信である。内容は、旅程は順調で七月四、五日頃帰京の予定であること、「支那の混乱最中」の旅行は研究になり、「将来の対支国策には一の自信を得た」ことを述べ、「支那の情況推移」に追随するのではなく、「日本の国策を定めて然る後支那に臨む可き」であるとして、「余り策を弄する」ことに苦言を呈している。大隈内閣期の排袁政策から転じて、寺内内閣は北京政府を支援していたが、日中提携を重視して援段政策へと向った寺内（それは山県同様「西力東漸」への危機意識から来るものであるという）と、中国を日本の国力培養のための客体と見做す田中とでは温度差が見られるとされており（北岡伸一『日本陸軍と大陸政策』）、本書翰にもそういった田中の志向が滲んでいるといえよう。

その後また半年の空白があり、61は大正七年一月三十一日付である。田中から北京駐在の坂西利八郎少将への電報控三通を添付し、北京政府との情報交換の状況、当時北京で進行中であった日華軍事協定

（独墺への対抗とロシア革命への対処を目的として田中の主導により締結したもの）の交渉状況を報じている。また、南方派の唐紹儀・孫文の来日について後藤新平内相、本野一郎外相、林権助駐支公使も了承しており、許可した方が有利であると進言している。この頃から寺内内閣の対中政策は、軍事的基盤の強化という点で田中のそれと接近しつつあり、それが大正七年における田中書翰の増加に顕われているのである。

次の62は半月後の二月十二日付のものである。冒頭「別紙中嶋少将の電報」とあるが、添付されていない。案件はシベリアの動乱に関するもので、英仏米との協同出兵が避けられなくなるかも知れないが、「日本一国の仕事の如く見ゆる」よりは好都合とも考えられる、と前向きに見ている。一方で、英米仏の武官が独断で日本を牽制しようとしている可能性をも指摘し、その観点から各国とセミョーノフ（満洲里方面で活動していた反革命派の将軍）、ホルワット（北満洲に路線を有する中東鉄道の管理局長）の動向を読み解こうともしている。その後、三日後の二月十五日に63、翌十六日に64、更に一日おいて十八日に65が発信されている。いずれもロシア情勢、対華交渉の状況等に関する電報を転送したもので本文は短いが、63は「「ホルワット」に対する事を速に御決行相成る様」に決断を迫っている。

そもそもシベリアへの出兵は、前年に生起したロシア十月革命に端を発するもので、共産革命及び独露の講和によるドイツの東進に対する警戒感、並びに英仏伊の要請（共同出兵によりドイツを牽制すること を期待していた）により、政界や軍の各方面において提唱されつつあった。田中は六年末頃から強硬に出兵を主張していたが（麻田雅文は田中を「出兵の黒幕」と目している）、その企図は、露国人の敵愾心を利用して独墺勢力の東漸を防止し、又此機会に於て我国の生存に関する友邦を包容するの途を講じ、且つ連合与国に対し信義を全うし、極東に於ける列国の利権を擁護するのみならず、悲惨の境遇にある極東の露国人を懐柔して自治国を作らしめ、将来之を指導して富源豊なる地方を開発するの地歩を占むるは此時を逸す可らず。

というものであった(『田中伝』掲載の「シベリアに関する意見」)。他方、本野一郎外相や後藤新平内相等、閣内にも出兵論者が少なくなかったものの、寺内自身はこの段階では出兵に消極的であった。

少し間が空いて、三月七日付の66は、「対支軍事協商の件は此際急速を要する」ので、中国側の書面を丸呑みして直ちに閣議決定をして欲しい、という要請である。四月八日付の67、同月二十六日付の68は、共に北満方面の施策に関わるもので、参謀本部と外務省、陸軍省との調整につき事前諒解を得ようとしたものであるが、具体的な内容は不明である。

次の69は翌四月二十七日付で、セミョーノフの動向に関する報告である。田中は、彼を見殺しにすると東清鉄道沿線に関する計画が水泡に帰する上、日本への信頼が失われ米国の信頼が高まるので、資金援助が必要であると主張している。また、イルクーツクで書類を押収された件の善後処置についても相談している。

その次の70は七月二十一日付で、電報の供覧である。十日後の七月三十一日付の71は、満洲里方面で過激派が「段々国境を圧迫」し、「外蒙国境は各所に脅威を受くる」と状況の切迫を報じ、「国家の前途、閣下の面目に考へ御所信の断行切望に堪へず」と出兵の決行を迫っている。「甚だ出過ぎたる申分」とは言いつつも、断行しなければ「窮余辞職を強いらるゝが如き四囲の情勢と相成、国歩多難の原因を閣下の一身に負はせ」る状況になりかねない、とまで述べており、出兵がなかなか決定されない状況に対する、田中の強いいらだちが窺われる。英米仏等連合諸国からの共同出兵の要請に応じる形で、出兵が閣議決定されたのは、二日後の八月二日であった。

次の72は八月十八日と推定されている書翰で、中国に対する兵器供給（日華軍事協定に基づくもの）に対する承認を求めるもので、ここまでが寺内内閣期の書翰である。

その後、寺内内閣は米騒動の影響もあって九月二十一日に退陣、同月二十九日に原敬内閣が成立し、田中は陸軍大臣として入閣した。原が組閣に当って、寺内に陸相の適任者を尋ねたところ、寺内は「陸軍には世間に評判もある様に本郷房太郎、田中義一等可ならん」と応じた。その後原は山県に会い、本郷、田中と明石元二郎の名を挙げてその適否を問うたところ、山県が「左様の事ならば田中義一と決定しては如何」と答えたので、原も田中を採ることに決定したのである（『原敬日記』）。最初に田中の名前を出したのは寺内であり、彼が田中の能力を高く買っていたことが知られる。

73は十一月二十五日消印のもので、講和会議の全権に西園寺と牧野で纏まったことを伝える。

74は大正七年の書翰で月は不明であるが（十七日付）、封筒裏に「田中次長」とあるので九月以前である。在北京の林権助公使が英仏公使と連名でホルワットに対して勧告をしたことを、政府の意図を無視したものと非難している。

75も内容から大正七年と推定されているが月日は不明である。在ウラジオの中島正武少将の行動（その内容は不明である）について、同地入港中の加藤寛治第五戦隊司令官から電報があり、海軍側と協議しているというもので、中嶋は政府の方針に関係なく独走したので戒飭の必要がある、と報じている。

最後の76は大正八年九月頃のもので、登場する上山満之進・原嘉道がいずれも山口県人であることから、前月二十五日に死去した柴田家門の相続人に関するものではないかと考えられる。

【参考文献】

麻田雅文『シベリア出兵―近代日本の忘れられた七年戦争―』（中央公論新社、二〇一六年）

伊藤隆編『大正初期山県有朋談話筆記・政変思出草』（山川出版社、一九八一年）

上原勇作関係文書研究会編『上原勇作関係文書』（東京大学出版会、一九七六年）

北岡伸一『日本陸軍と大陸政策―一九〇六～一九一八年―』（東京大学出版会、一九七八年）

黒田甲子郎編『元帥寺内伯爵伝』（元帥寺内伯爵伝記編纂所、一九二〇年）

尚友倶楽部山縣有朋関係文書編纂委員会編『山県有朋関係文書』全三巻（山川出版社、二〇〇五～八年）

尚友倶楽部調査室編『大正初期山県有朋談話筆記（続）』（芙蓉書房出版、二〇一一年）

たて生著『陸軍棚ざらひ』（金桜堂書店、一九二二年）

田中義一伝記刊行会編『田中義一伝記』上下（田中義一伝記刊行会、一九六〇年）

千葉功編『桂太郎関係文書』（東京大学出版会、二〇一〇年）

角田順『満州問題と国防方針―明治後期における国防環境の変動―』（原書房、一九六七年）

鶴見祐輔『後藤新平』四（勁草書房、一九六七年）

帝国軍人後援会編『社団法人帝国軍人後援会史』（帝国軍人後援会、一九四〇年）
原奎一郎編『原敬日記』三～五（福村書店、一九六五年）
山本四郎編『寺内正毅日記―一九〇〇～一九一八―』（京都女子大学、一九八〇年）
山本四郎編『寺内正毅関係文書―首相以前―』（京都女子大学、一九八四年）
山本四郎編『寺内正毅内閣関係史料』上下（京都女子大学、一九八五年）
山本四郎「史料紹介　岡市之助文書について」正続（『神女大史学』九・一〇、一九九二～三年）
早稲田大学大学史資料センター編『大隈重信関係文書』七（みすず書房、二〇一一年）
国立国会図書館憲政資料室所蔵「寺内正毅関係文書」
山口県文書館所蔵「田中義一関係文書」

あとがき

本書は国会図書館憲政資料室所蔵の「寺内正毅宛田中義一書簡」全七十六通を尚友倶楽部で行っていた勉強会（草書を読む会）が読み起こしたものである。なお当初、解説は伊藤が書き始めたが、伊藤が家庭の事情や体調などで進めることが出来なくなって松田好史氏にお願いして完成させることができた。また、執筆のための調査で西藤要子さんの助力を得た。

尚友倶楽部草書勉強会は、それ以前から続いていたが「寺内正毅宛田中義一書簡」に取り組んだのは平成二十四年二月十九日のことで、以来概ね一月一回の会を続けて、翌平成二十五年六月二十七日の会で田中書簡の解読は終了した。その間出入りはあったが、参加者は上田和子、藤澤恵美子、内藤好以、太田展子、川又眞佐子、中島和子、長谷川槇子、西藤（小野）要子、佐賀香織、長南政義、山崎裕美他で、読み起こした書簡は主として西藤要子さんが入力して下さった。会場を提供し、書簡のコピーを作ってくださった尚友倶楽部、読み起こしに努力してくださった参加者の皆さん、解説を完成させて下さった松田好史氏に感謝の意を表する次第である。

平成三十年六月

伊藤　隆

田中義一 年譜 (『田中義一伝記』による)

元治 元年 六月二二日 長州藩士田中信祐の息として萩片河町に出生
明治 三年 岡田謙堂の育英塾に入門（明治五年破門）
七年 江向戸長役場給仕
九年 七月 一日 新堀小学校授業生
一〇年 石部誠中に入門
一一年 長崎裁判所勤務（のち厳原、松山に転勤）
一五年 四月 陸軍教導団受験準備のため上京
一六年 二月一五日 陸軍教導団砲兵科入隊
一二月 八日 陸軍士官学校入学
一九年 六月二五日 任陸軍歩兵少尉補歩兵第一聯隊小隊長
二二年一二月 二日 陸軍大学校入学
一二月二一日 任陸軍歩兵中尉
二五年一二月 二日 陸軍大学校卒業
二六年一二月 八日 補第一師団副官
陸軍中将大築尚志六女ステ子と結婚
二七年一〇月一六日 日清戦争従軍（金州、旅順口、太平山、営口、田庄台の戦闘に参加）
一二月 八日 任陸軍歩兵大尉補歩兵第二旅団副官
二八年 二月二八日 補第一師団参謀
五月二一日 凱旋

　　　一〇月一二日　授功五級金鵄勲章、叙勲六等授瑞宝章
二九年一〇月二七日　補参謀本部第二部々員
三〇年一二月　九日　兼補陸軍大学校兵学教官
三一年　五月一八日　補参謀本部々員、ロシア差遣
三二年　一月一六日　参謀本部出仕
三三年　六月一九日　参謀本部付
　　　一〇月三〇日　陸軍歩兵少佐
三四年一一月三〇日　叙勲五等授瑞宝章
三五年　六月三〇日　帰朝、補参謀本部々員兼皇族附武官
三六年　五月一三日　兼補陸軍大学校兵学教官
三七年　二月一一日　補大本営陸軍参謀（日露戦争）
　　　六月二〇日　補満洲軍参謀（七月一〇日宇品出発、以後大石橋、遼陽、沙河、黒溝台、奉天の戦闘に参加）
　　　八月一〇日　任陸軍歩兵中佐
三八年一〇月二九日　宇品凱旋
三九年　四月　一日　授功三級金鵄勲章、叙勲三等授旭日中綬章
四〇年　五月　一日　補歩兵第三聯隊長
　　　一一月一三日　任陸軍歩兵大佐
四二年　一月二八日　補陸軍省軍事課長
四三年一一月三〇日　任陸軍少将補歩兵第二旅団長
四四年　九月　一日　補陸軍省軍務局長
　　　九月三〇日　帝国在郷軍人会理事

大正　元年一二月二三日　補歩兵第二旅団長
三年　三〜八月　欧米各国出張
四年一〇月　四日　任陸軍中将補参謀次長、叙従四位、叙勲二等授瑞宝章
六年　五〜六月　支那出張
七年　九月二九日　任陸軍大臣、叙正四位、叙勲一等授瑞宝章
九年　九月　七日　叙男爵、授旭日大綬章（一〇月二〇日叙正三位）
一〇年　六月　八日　任陸軍大将、九日依願免本官
八月三〇日　補軍事参議官
一二年　五月　一日　帝国在郷軍人会副会長
九月　二日　任陸軍大臣
一三年　一月　七日　依願免本官、九日補軍事参議官
二月　九日　叙正三位
一四年　四月　九日　依願予備役編入
四月一四日　立憲政友会総裁（五月一五日叙従二位）
一五年　一月二九日　任貴族院議員
昭和　二年　四月二〇日　任総理大臣兼外務大臣
四月　一日　後備役編入
六月一〇日　兼任拓務大臣
四年　七月　二日　内閣総辞職、内閣総理大臣前官礼遇
九月二九日　狭心症発作にて急逝（六五歳）。叙正二位、授旭日桐花大綬章

田中義一関係系図

- 信祐（夫人 美世子）
  - 義一（夫人 壽天）
    - 龍夫（夫人 節子）
    - 壽美子
    - 登米子
    - 於菟女
    - 義昭
    - 康子

後記

上田　和子

尚友ブックレット33号は、国立国会図書館所蔵寺内正毅宛田中義一書翰を取り上げた。

尚友倶楽部史料調査室では明治以降の候文を読む勉強会で、「寺内正毅関係文書」を取り上げていたが、東京大学名誉教授伊藤隆氏が指導を申し出られ、「寺内正毅関係文書」の中から田中義一書翰を読み始めた。伊藤氏のおすすめで、これら76通をブックレットとして刊行することになった。伊藤氏は企画、解読、編集、校正と指導され解説も担われた。早稲田大学非常勤講師松田好史氏には校正、原文調査、年譜作成等で御助力を得た。伊藤氏は解説執筆途中で様々な御事情から体調をくずされ、松田氏に解説の続きを依頼された。松田氏は伊藤氏の依頼に快く応じ、氏と相談を重ねて完成させて下さった。完成に至るまでの伊藤氏のご指導、松田氏のご尽力に深謝申し上げる。

解読には内藤好以、太田展子、川又真佐子、長谷川槙子、中島和子、藤澤恵美子、小野要子、佐賀香織、山崎裕美、長南政義各氏が従事、小野氏は入力作業、尚友倶楽部会員松浦真氏はグラビア画像を担当、藤澤恵美子氏、上田は編集、校正に参加した。

国立国会図書館憲政資料室にはあらゆる段階でご協力をいただいた。

かように多くの方々のお力を得て刊行の運びとなった。心より感謝する次第である。

編者
一般社団法人尚友倶楽部（しょうゆうくらぶ）
旧貴族院の会派「研究会」所属議員により1928年に設立された公益事業団体。学術研究助成、日本近代史関係資料の調査・研究に取り組んでいる。その成果は、『品川弥二郎関係文書』『山県有朋関係文書』『三島弥太郎関係文書』『阪谷芳郎東京市長日記』『田健治郎日記』などの資料集として叢書42冊、ブックレット32冊が出版されている。

伊藤　隆（いとう たかし）　東京大学名誉教授
1932年東京都生まれ。東京大学文学部国史科卒。東京大学文学部教授、埼玉大学大学院教授、政策研究大学院大学教授を経て東京大学名誉教授。近代史史料やオーラルヒストリーを編纂・刊行。主な著書に『昭和初期政治史研究』(東京大学出版会)、『岸信介の回想』(共著、文藝春秋)、『日本の近代16　日本の内と外』(中央公論新社、後に中公文庫)、『昭和史をさぐる』(吉川弘文館)、『現代史を語る—内政史研究会談話速記録』シリーズ（監修、現代史料出版)、『歴史と私—史料と歩んだ歴史家の回想』(中公新書)などがある。

寺内正毅宛田中義一書翰（てらうちまさたけあてたなかぎいちしょかん）
〔尚友ブックレット *33*〕

2018年 7月30日　発行

編　集

尚友倶楽部史料調査室（しょうゆうくらぶしりょうちょうさしつ）・伊藤（いとう）　隆（たかし）

発　行

(株)芙蓉書房出版
(代表 平澤公裕)
〒113-0033東京都文京区本郷3-3-13
TEL 03-3813-4466　FAX 03-3813-4615
http://www.fuyoshobo.co.jp

ISBN978-4-8295-0741-4